JN046092

斎藤道三（利政）画像
（東京大学史料編纂所所蔵模写）

常在寺（岐阜市）

道三塚（岐阜市）

明智光秀像（大阪府岸和田市本徳寺蔵）

土岐明智氏の菩提寺崇禅寺（岐阜県土岐市）

明智城大手口跡（岐阜県可児市）

令和５年６月現在大手門は
撤去しています。

光秀が30年間過ごした
とされる明智城の跡

明智光秀公像（京都府亀岡市）

光秀が再建した西教寺にある
一族の墓所（滋賀県大津市）

光秀が築城した亀山城の石垣（亀岡市）

光秀が築城した
福知山城（京都
府福知山市、昭
和 61 年再建）

紙本著色織田信長像（愛知県豊田市長興寺蔵）

定　加納

永禄十一年九月　日

楽市楽座制札（岐阜市円徳寺蔵）

織田信長公時代の岐阜城図

本能寺跡（京都市）

本能寺跡石碑

本能寺（移転再建）

古田織部木像（京都市興聖寺蔵）

古田氏の居城山口城のあった権現山
（岐阜県本巣市、中央が権現山）

織部一族の墓所（興聖寺）

東照大権現像（静岡市久能山東照宮博物館蔵）

加納城跡（岐阜市）

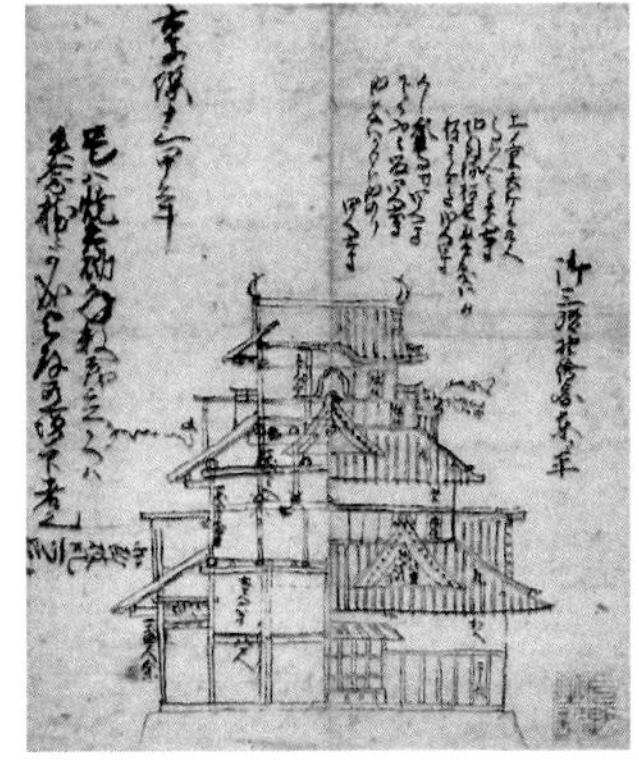
家康が配置を指示したとされる加納城二ノ丸の三階櫓（岐阜城から移築）の絵図（岐阜県輪之内町片野記念館蔵）

関ケ原合戦図屏風（岐阜県関ケ原町歴史民俗学習館蔵）

徳川家康と美濃四将の謎

丸山 幸太郎

まえがき

戦国時代末期の大永期（1521〜28）から享禄、天文、弘治、永禄、元亀を経て、天正18（1590）年の小田原合戦までは、合戦が相次ぐ動乱の時代であり、美濃国の武将たちはその中にあった。父子2代で美濃国の政治の実権を掌握して注目された斎藤道三は、弘治2（1556）年に息子義龍に討たれた。永禄10（1567）年、美濃国全域を征服した織田信長は岐阜入城を果たすと、明智光秀ら美濃国の諸武将を率いて天下統一に乗り出した。その信長は、全国統一に突き進むさなかの天正10年、重臣光秀による本能寺の変で父子共に倒された。

その光秀を討ち、やがて政権を掌握した豊臣秀吉は、小田原合戦で北条氏を滅ぼすと、徳川家康の江戸転封など大規模な大名の移封を実施して、天下統一をほぼ成し遂げたが、その死後、慶長5（1600）年に関ケ原合戦を起こした徳川家康は豊臣政権を打ち崩し、徳川幕府を樹立した。ようやく、合戦のない平穏な時代が訪れたかに見えたが、家康は徳川幕府の安泰を図って、慶長19、20年に大坂冬の陣、夏の陣を起こして、豊臣秀頼母子を滅ぼした。その時、美濃の武将で茶匠としても知られる古田織部一族も滅ぼされた。

この過程で注視される人物として、斎藤道三、明智光秀、織田信長を取り上げ、その生涯と謎について探索した結果をまとめた。それに加えて、信長、秀吉、家康の３天下人に仕えた古田織部重然（しげのり）を取り上げた。その共通点として、時代に先駆けた生き方をしながらも、その生き方を全うする前に非業の死を遂げたことが挙げられる。

斎藤道三は守護大名による支配を否定し、戦国大名としての領国経営を成し遂げたが、息子義龍と戦いになり戦死。

明智光秀は庶民を重視し、女性の人格を尊重。平和主義者の一面も持ち合わせていた。本能寺の変を起こすも秀吉に討伐される。

織田信長は時代の枠に収まらない合理主義者であり、戦乱の世を終わらせようと天下統一を目指した覇者。重臣明智光秀に嫡男信忠と共に討たれる。

古田織部重然は武将にして、千利休亡き後、当代一の茶人。茶道においては個性を尊重した。父の死後隠居して茶道三昧の世界に入ったが、家康の相談相手を務めて居たところ、家康から賜死を受ける。

この四将はそれぞれの人生においていくつかの謎があり、その解明に寄与したく記述を進め、一応の謎解きをしたものが本書である。もちろん、すっかり謎解きができたとは言い難い点もあり、後続研究を期待する。

さらに、本書は戦国美濃四将と関係が深く、戦国の世を終焉（しゅうえん）に導き、新たな国づくりを実現した徳川家康を取り上げた。その国づくりの方向や内容は、美濃四将の目指したものとどう結び付き、どう違ったかを、第一章～第五章を通して注視していただきたい。家康を入れて五将の目指したものは、現代の私たちの生活に深くつながっていることに共感されることであろう。

目次

まえがき……2

第一章　斎藤道三の謎……11

はじめに　12
一、父子2代説と父新左衛門尉はどんな人物か　14
二、道三が美濃国の政権を握るまでの過程　19
三、土岐頼芸家と斎藤道三家の姻戚関係　22
四、政権掌握に至る過程の揺れの背景　24
五、信長の天下統一力を見抜く眼力を持ち得たのはなぜ　26
六、国盗り合戦で勝ち得た力は何であったか　29
七、息子義龍と戦い死に向かう心境は　30

第二章　明智光秀の謎 ……… 39

はじめに　40
一、いつどこで生まれたか　41
二、なぜ長山（可児郡）城を義龍から攻められたか　47
三、永禄初年に越前に住むまでどこにいたか　48
四、信長に重用され大出世できたのはなぜか　52
五、どうして主君信長を討ったのか　57
六、逆臣光秀がどうして顕彰され愛されているのか　60

第三章　織田信長の謎 ……… 73

はじめに　74
一、道三の娘帰蝶はいつ誕生し、いつ信長と結婚したか　76
二、大うつけ姿をしていたわけ　78

三、美濃征服の手立てと時期　81
四、「天下布武」印使用の意図　87
五、楽市楽座政策の打ち出し　91
六、信長と義昭との関係、そして決裂　96
七、決裂後の将軍義昭の存在の実態　103
八、信長の政権構想は革新的だったか　106
第四章　古田織部の謎……………123
はじめに　124
一、古田織部という人物の呼び名の出どころは　125
二、その生誕はいつ、どこであるのか　128
三、古田織部氏の系譜で比較的良質なものは　131
四、織田信長に従った時期は　135
五、３人の天下人にどう仕えたか　138

六、織部がお使い番（説得役）や御伽衆（おとぎしゅう）を命じられたのはなぜ　145
七、織部の所領はどこに、どれだけあったか　147
八、実名を景安とし、重然（しげのり）に変えた理由は　153
九、茶会に美濃焼を使用したのはなぜか　159
十、茶会にひょうげもの（沓形（くつがた）茶碗）を提示したのはなぜ　161
十一、織部茶会で使われた焼き物はどこから　163
十二、織部が茶会で示した哲学（生き方、精神）は　166
十三、なぜ、家康から切腹を命じられたか　171

第五章　徳川家康の謎……183

はじめに　184
一、三河一向一揆がどうして平定できたか　190
二、信長からの信康、築山殿の処刑命令をどうして受け入れたのか　193
三、関東への転封をどうして受け入れたか　195

四、秀吉死去後、どうして専横行動をしたか　197
五、関ケ原合戦でどうして大勝利できたか　201
六、側近大久保忠隣をどうして改易したか　224
七、大坂出兵をして豊臣氏を滅ぼしたわけ　228
八、どうして元和と改元したのか　232
あとがき　……………　238

第一章 斎藤道三の謎

はじめに

戦国時代末期の永正期（１５０４～21）から大永、享禄、天文、弘治、永禄、元亀を経て天正10（１５８２）年までの美濃と、それを取り巻く飛騨、尾張、伊勢、越前、近江は、道三父子３代、明智光秀、織田信長が大きく動いて、合戦が相次ぐ動乱の時代であった。その中で、武家による全国平定が進んでいた。古い時代の壁を破って新しい時代づくりが進んでいたとみる。そうした時代づくりに道三、光秀、信長はどう働いたのであろうか。ここに記す道三は明応３（１４９４）年、西村新左衛門尉の子として出生し、新九郎規秀（のちに斎藤左近大夫利政、道三）と名乗る人物である。

３人の関係は、光秀は道三の正室小見の方の在所である明智一族の若き当主で、小見の方の甥的立場であったと考えられる。信長は道三と小見の方の間に生まれた娘帰蝶を嫁に迎えている。３人の出生は、通説として次のように言われており、年齢差が知れる。

道三　明応３（１４９４）年（注1）

光秀　享禄元（１５２８）年（注２）
信長　天文３（１５３４）年（注３）
信長が１歳の時、光秀は６歳上の７歳、道三は40歳上の41歳となる。光秀と道三の年の差は34である。光秀と信長にとって、道三は親の世代であり、学ぶべき師匠であった。
さて、この３人の生涯には不可解な点や謎がある。それぞれの謎を追究することで、３人の生き方や新時代づくりへの関わりを解明することが、本論の目的である。
斎藤道三の謎は、次のように設定する。
一、父子２代説と父新左衛門尉はどんな人物か。
二、道三が美濃国の政権を握るまでの過程。
三、土岐頼芸家と斎藤道三家の姻戚関係。
四、政権掌握に至る過程の揺れの背景。
五、信長の天下統一力を見抜く眼力を持ち得たのはなぜ。
六、国盗り合戦で勝ち得た力は何であったか。

七、息子義龍と戦い死に向かう心境は。

一、父子2代説と父新左衛門尉はどんな人物か

斎藤道三は山城国出身の油売りで、諸国を巡り美濃へ着くと、武家に仕官した。仕えた主君を次々に滅ぼして、ついに美濃国主になった戦国の梟雄(きょうゆう)として名高い。ところが、昭和48(1973)年、『岐阜県史史料編古代中世四』の編さんに当たり、横浜市の春日倬一郎所蔵の「永禄三年六角承禎義賢書状(息子義弼宛)」が発見、収載され、注目された。道三によって美濃を追われた土岐頼芸が近江六角氏の元に亡命していた時の書状である。

この頃、美濃国主斎藤義龍の娘と義弼との政略結婚話が進んでおり、土岐家と幾重にも縁戚関係を重ねてきた六角氏が、主君土岐氏の当主頼芸を追った斎藤義龍(道三嫡男)と縁戚関係を結ぶことは避けるべきという趣旨であった。その中で、頼芸から聞き得た道三家の歴史が書かれていた。それによって、次のことが判明した(注4)。

後斎藤系図

父
西村新左衛門尉 ―― 道三 左近大夫（利政） ―― 息子 義龍

父　西村新左衛門尉
・京都妙覚寺法花坊主落
・美濃の西村家へ入る
・長井弥二郎家へ入る
・長井姓を名乗る
・豊後守
・天文2年没す

道三　左近大夫（利政）
・長井新九郎規秀、天文6年頃から斎藤左近大夫利政に、同16年から道三を名乗る
・頼芸弟頼香等殺害
・弘治2年息子義龍が討殺

息子　義龍
・義尚とも
・治部大輔
・大名に上る
・永禄4年没

斎藤利永を初代として美濃国守護土岐家を補佐する守護代役をしてきた斎藤家に対し、国主的立場に立った道三、義龍、龍興の親子3代を後斎藤家としている。

この後斎藤系図は、永禄3（1560）年の「六角義賢書状」を骨格にして作成したものである。永禄3年は義龍が父道三を討殺した弘治2（1556）年から4年後であり、道三に追われた頼芸が情報源であることから、信ぴょう性が高

い。さらに、『江濃記』などには、道三の父は山城西岡出身で、長井家へ仕官し、長井豊後守と名乗り、主君藤左衛門を支えていたが、不和となり、豊後守は病死。その息子は長井山城守利政と名乗り、藤左衛門を討ち取り、やがて斎藤を名乗り、美濃国を統治し、入道して道三と号した、とある。

すなわち、西村姓、次に長井姓を名乗った父親を継いだ長井新九郎規秀が守護代的立場の斎藤姓を名乗るに至り、守護土岐氏に代わって政治の実権を握り、国盗りを果たしたのである。

さて、油売りとして美濃へ来たのは、松波庄五郎と称していた頃の道三の父親である。その出身は山城国西岡、現在の京都府向日市から長岡京市辺りで、美濃へ来て西村家へ入り、やがて守護土岐氏に仕え、新左衛門尉を名乗る。先の「六角義賢書状」によれば、日蓮宗の「京都妙覚寺の法花坊主落ちにて」とあり、妙覚寺（京都府上京区下清蔵口町）の修行僧であったが、還俗（げんぞく）して油売りに転身して美濃へ来たことが分かる。

『美濃明細記』（注5）常在寺の項にはこのように記されている。

「日運は、長井豊後守利隆の弟にて、幼少より日善上人に随身して学は顕密の奥旨を極め、弁舌は富楼那に劣らず近代名僧なり。始めは南陽坊と号し、其頃日善上人嫡弟に法蓮坊と言う者有り、北面の松波左近将監藤原基宗の子なり。西の郊の者なるが、内外をさとり南陽坊を常に引きまわしけるが、或時いかなる心は付けん、三衣ぬぎ捨て還俗して西の郊に住し、奈良屋某が娘を娶りて彼の家を継、山崎屋と改め、松波庄五郎と名乗り、毎年美濃国へ来たり油を売りけり。常在寺日護（日運か）上人吹挙に依て斎藤家へ出入りす。乱舞音曲に堪能なりし故、長井藤左衛門賞する事限りなし。太守にも亦其行跡猥りにて酒宴遊興を好み玉ふ、是に依て長井は松波を太守に見えしむ。太守寵愛甚だしく、長井が家老西村三郎左衛門の遺跡をつがせける」

道三の父親西村新左衛門尉と常在寺の住職日運とは妙覚寺で共に修業しており、その出自や美濃へ来た理由もかなり信ぴょう性があるように思われる。

父親は山城国西岡の油売商屋の娘と結婚し、山崎屋と改称して油売りで諸国を回り、美濃に至ったとき、かつての学友日運の推挙で長井家に出入りすることになる。

永井家家老西村家の領地などを継ぎ、太守（守護9代政房か）にも会ううちに、太守の寵愛を受けて長井姓を名乗り、長井新左衛門尉として豊後守に任官する。

常在寺の項にはさらに、主人長井の行跡が悪いとして享禄3（1530）年長井夫婦を殺害。長井、斎藤氏らから総反発を受けるが、日運が仲裁して和睦したとある。これが史実かどうかは不詳である。享禄3年当時、新左衛門尉は60代であろう。息子規秀（のちの道三）は既に35歳になっており、享禄期には規秀が長井新左衛門尉家を担い、活動していたとみるべきである（以降、道三本人は原則道三で統一する）。

大永7（1527）年、土岐氏10代守護であった頼武が国を追われて、代わりにその弟頼芸が11代守護となった。この政変に関与したのは道三である。

父親の新左衛門尉の実績は日運の推挙を得て西村家の遺跡を継ぎ、長井姓を名乗るまでであり、主君を倒してのし上がるまでの強引な行いをしなかったのであろう。土岐家では、長井は斎藤に次ぐ家柄であり、父新左衛門尉が長井姓を名乗るということは、道三が大仕事をする基を築いたことになる。

道三にとって、父新左衛門尉はのし上がる土台づくり以外に何かを得たのか。『美濃雑事記』にある「乱舞音曲に堪能」という才能は、おそらく油売りをしてきた新左衛門尉の特技であり、道三がそれを見習ったのは想像に難くない。さらに京都や諸国を回って得た広い見識も譲り受けたことに違いない。

二、道三が美濃国の政権を握るまでの過程

道三が政界に登場するのは、大永7（1527）年頃からであろう。大永5年には、頼武が武芸八幡宮に禁制を発行している。以後、頼武は禁制発行者にはなっていない。桑田忠親説（注6）では、「鷺山の頼芸が出兵して川手城（頼武）を攻め、頼芸は美濃の総領になる」としている。享禄4（1531）年に細川高国が没すると、頼芸がこれを追悼していることから、頼芸が兄に代わって土岐家の当主になっていることは間違いない。その政変に働いたのは規秀（道三）であり、守護代的立場の実権を握るまでになっていたのであろう。

規秀が執権的立場となって以降、禁制などは次のように発行されている。

天文2（1533）年6月　龍徳寺宛禁制（藤原規秀、左衛門尉）

天文2年11月　長滝寺宛掟書（斎藤利茂）
天文3年9月　華厳寺宛禁制（藤原規秀）
天文4年8月　龍徳寺宛禁制（長井八郎左衛門入道）
天文5年2月　龍徳寺宛禁制（土岐頼芸）
天文7年9月　阿願寺宛寺領安堵（あんど）状（斎藤利政）
天文8年12月　美江寺宛禁制（斎藤利政）
天文9年10月　阿願寺宛寺領安堵状（土岐頼芸）
天文13年6月　龍徳寺宛禁制（斎藤利政）
天文14年4月　阿願寺宛禁制書状（斎藤左近大夫利政）
天文17年11月　華厳寺宛禁制（土岐頼香、頼芸弟）
天文19年3月　常在寺宛禁制（斎藤道三）
天文20年1月　西円寺宛安堵状（左近大夫道三）
天文23年2月　井口道場宛判物（浄安寺、道三）

天文2年の龍徳寺宛禁制では、先に藤原規秀が、その後に左衛門尉（規秀の父）

が連署していて、父子2人が頼芸政権内の重臣であったことが分かる。この時点で、左衛門尉と藤原規秀の父子は、美濃国守護土岐頼芸の執権的立場にまでになっていた。これ以後、息子の規秀が単独で禁制などを発行するようになる。規秀は、天文2年では藤原姓を名乗っている。これは、父が松波左近将監藤原基宗と名乗り、その子であるからであろう。翌3年には、父が得た長井姓を名乗り、単独で華厳寺へ禁制を発行している。

ところが、天文4年には長井八郎左衛門、翌5年には頼芸自身が龍徳寺に禁制を発行している。規秀の政権内の立場が揺らいでいる感じがするものの、天文7年には阿願寺へ寺領安堵状を一人で発行しており、以後、執権的立場に揺らぎはないように見受けられる。

天文17年には華厳寺宛てに頼芸の弟土岐頼香が禁制を発行しているが、頼香は道三の娘婿である。この娘婿土岐頼香も、道三に殺されたといわれている（注7）。天文19年には斎藤道三名で常在寺へ禁制が発行されており、ようやく国主的立場が確立して、政権は安定した。

三、土岐頼芸家と斎藤道三家の姻戚関係

道三は美濃国守護土岐頼芸と姻戚関係を結び、政治の実権を握った後、頼芸を追いやり、国主的地位に立ったが、政権は安定しなかった。その間、女子を頼芸の弟八郎頼香の室に、もう一人の女子を頼純（10代守護土岐頼武の嫡男で国外にいた）の室にしたといわれている。その女子たちは、誰が生んだのか。

東京大学史料編纂（へんさん）所蔵の『美濃国諸家系譜』中の「斎藤道三伝系図」は、下図のようである。

この道三伝の系図は、よく引用される。以下略としたのを合わせると、道三の子として男子6人、女子6人が記載されている。

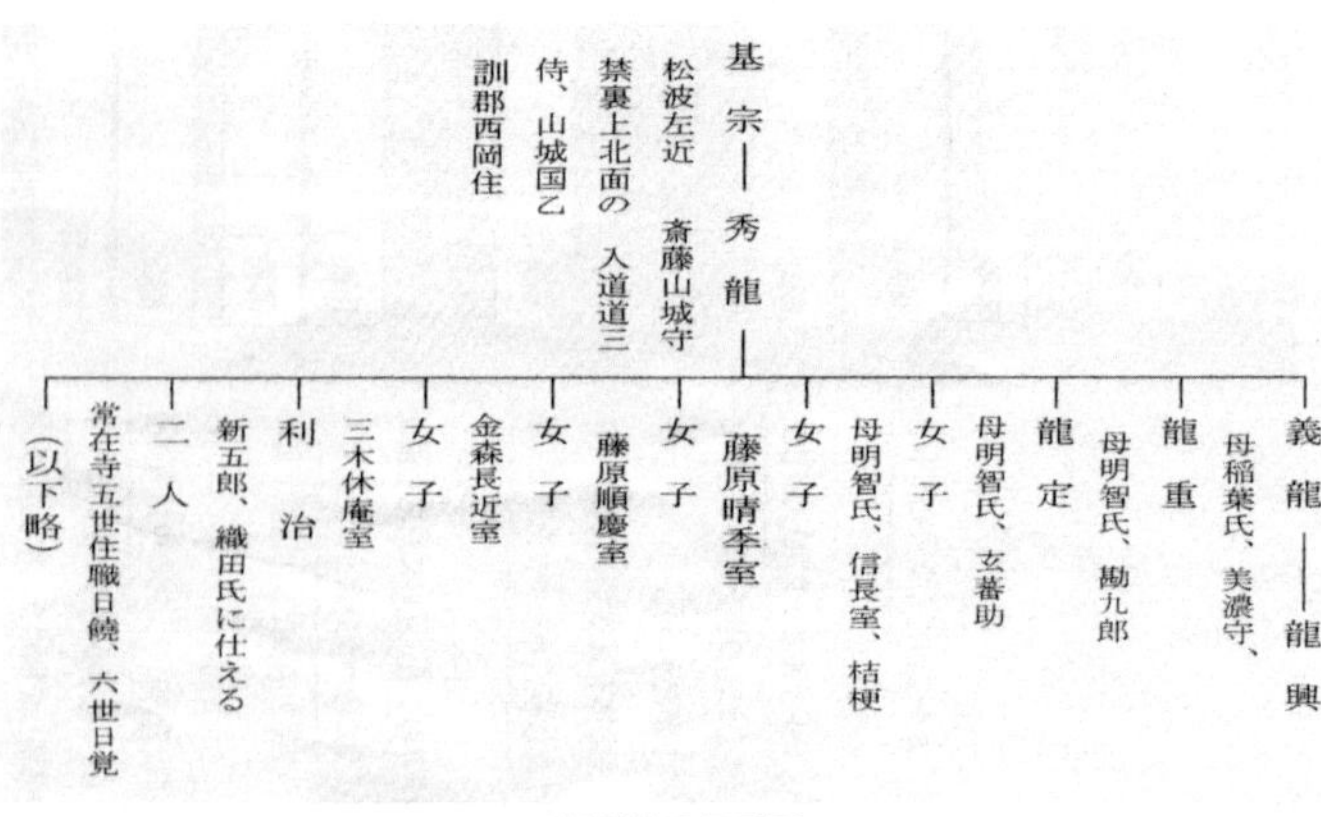

斎藤道三伝系図

可児郡の明智氏から迎えた小見の方が出産した女子の嫁ぎ先は、次のようである。

1信長室桔梗、2右大臣藤原晴季室、3筒井順慶室、4金森長近室、5三木休庵室、6（嫁ぎ先不明）

この系譜には、土岐家へ嫁いだ2人の娘が見られない。横山住雄氏は『斎藤道三の二度出家説』所収「土岐氏系図」（注8）で、天文4（1535）年生まれの桔梗（帰蝶）が頼芸の弟八郎頼香に嫁いだが、頼香が死んだので、出戻り後、信長に嫁いだとした。信長と桔梗が結婚したのは天文18年、信長15歳、桔梗14歳の時である。桔梗は数え年14歳で、当時の武将の娘が政略結婚する年齢としてあり得ることである

九代 土岐政房
十代 頼武（次郎・政頼）――頼純（次郎、大桑居住道三娘婿）
十一代 頼芸（美濃守）――頼次（道三が暗殺か、天文一六年没）
光親（五郎、揖斐氏）
頼香（八郎、天文一七年華厳寺へ禁制 道三娘の婿、道三が暗殺）

深芳野（頼芸妾 稲葉氏か）
斎藤道三
小見の方（明智氏）

義龍――竜興
女子（土岐八郎室か、母稲葉氏）
女子（土岐頼純室か、母稲葉氏）
女子（帰蝶・織田信長室・お濃、母明智氏）
男子（兄義龍が暗殺、母明智氏）
男子（兄義龍が暗殺、母明智氏）
男子（京都妙覚寺へ入寺）

結婚
結婚

横山住雄『斎藤道三の二度出家説』、『岐阜史学七一号』所収の
「土岐氏略系図」などを参考にし、一部丸山推察・修正で作成

が、それ以前に土岐頼香に嫁いだとするには疑問が残る。

それに、稲葉氏の深芳野が大永7（1527）年に義龍を生んだが、1人しか出産していないのか。義龍誕生時、道三は数え34歳である。その前年に33歳で深芳野を迎えるまで、道三は結婚していなかったのか。実際は深芳野を迎える以前に妻がいて、生まれた女子を土岐頼香に嫁がせたのではないか、などの疑問が出てくる。先記の道三系図では、小見の方が、桔梗の前に2人の姉を生んでいることとしたが……。

道三は、守護の土岐頼芸家との縁戚関係を深めることで、政治の実権を掌中に入れていた。それは、織田家と縁戚となる以前であり、桔梗より先に生まれた女子がいてこそ実現できる。その女子は、稲葉氏の深芳野か小見の方より先の妻が生んだ女子ではないかと見る。

四、政権掌握に至る過程の揺れの背景

大永7（1527）年、10代守護頼武（政頼）を追放し、その弟頼芸を11代守護にしたのは、父の新左衛門尉と息子規秀（道三）の父子が結託して行ったこと

かもしれない。

道三の誕生年は、没年の63歳から逆算して明応3（1494）年説（先記 桑田忠親氏、注6）と永正元（1504）年説（先記『美濃明細記』、注7）がある。明応3年説をとると、大永7年には父は60代、道三は33歳になっており、政権内で執権として腕を振るっていたと想像される。10代守護土岐頼武を追いやり、自分を信任するその弟頼芸を11代守護として、その下で政権を掌握した父新左衛門尉と道三の親子であったが、国外からの攻勢や国内の土岐氏、斎藤氏一族からの反発はかなり強かった。土岐宗家筋の頼武や、やがて道三に追われる頼芸の復権を求める勢力の攻勢が相次ぎ、その政権は揺れることとなった。なお、土岐政房の後継者である10代守護頼武の在任期間については、横山住雄氏が大永5年から天文4（1535）年説を出している（注8）。

美濃を追われた頼武（頼純の父、政頼）は、

南泉寺　永正14年、土岐9代守護政房が土岐氏の菩提寺として建立。10代守護頼武の息子頼純の画像・墓がある（山県市大桑）

越前の朝倉孝景によって、朝倉氏と近江の六角氏の支援を受けて失地回復を図り、美濃へ攻め入った。結果としては天文8年、道三は山県郡大桑（現山県市大桑）に入った頼純と和議を結んでいる。

天文11年、左近大夫利政と名乗っていた道三は主君頼芸と戦い、頼芸を尾張織田氏の元へ出奔させた。天文13年、織田信秀は朝倉氏と組んで美濃へ攻め入った。朝倉軍は徳山氏と連合し、美濃赤坂で道三軍を打ち破っている。

天文17年8月、織田信秀は西美濃へ侵攻したが、道三軍に敗退した。

天文18年、美濃攻略に手を焼いた信秀は道三と講話し、信長の正室に道三の娘帰蝶を迎えた。これによって、道三の国盗り政権はようやく安定を見た。信秀は、息子が帰蝶と結婚後、しばらくして没している。

五、信長の天下統一力を見抜く眼力を持ち得たのはなぜ

道三は、天文4（1535）年に、室町時代の守護代斎藤利永が築城した稲葉山城を改修して居城とするとともに、城下井口（いのくち）の城下町経営を行った。本町、大桑町などは道三時代の町名とみられる。城郭の南門前の御園の㯃森神社辺りに楽

市場が形成され、大変繁盛していた（注9）。楽市場に入れば、旧来の主従関係や借金主と無縁となることから、流入者たちが増えていた。この楽市場は道三時代に形成されていた。

油売りをしながら各地の繁盛ぶりを見て回ったのは、道三の父新左衛門尉である。稲葉山城を築き直し、城下井口の市街を整備したのは、息子の道三である。城下やその周辺の町の繁栄をもくろんだのは、息子の道三である。父は天文2年に没しているので、父からの知見をもって、息子の道三が楽市場の形成を助成したのであろう。

永禄10（1567）年9月、信長は岐阜入城を果たした時、加納楽市場の繁盛に目を付けた。禁制（注10）を発行して保護するとともに、城下町経営に活用しようとした。翌年、信長は楽市楽座令を発して商人たちの組合特権の解体を図るが、城下町経営に必要な材木商人などは除外している。

加納楽市場は道三の経済施策であり、信長はそれを学ぶことになった。道三の知恵を受け止める力を持っていたのである。両者相通じるものがあった。

天文18年、尾張と美濃が和睦し、道三は娘帰蝶を15歳の信長へ嫁がせた。この時点で、道三は信長に関する情報を集め、既にその言動からただ者ではないことをつかんでいたに違いない。

道三は天文22年4月、尾張国冨田で婿の信長と会見している（会見の年は天文18年という説もある）。当時信長は20歳になっていて、その風采と活動から「たわけ」と評されていたが、道三は「そうではない」と言い、実際に対面することにした。対面場の聖徳寺に入る前の信長一行の行進ぶりをひそかにうかがっていると、信長の出で立ちは、髪は茶筅髷に萌葱の平打ちで、浴衣の袖を外し、太刀と脇差しの柄には荒縄を巻いていた。腰ひもには燧袋と7、8個の瓢箪をぶらさげ、虎革と豹皮とで作った半袴姿であった。しかし、７００、８００人の供の衆には、弓に鉄砲５００丁をそろえ、他に朱塗りの三間長やりを持たせていた。野武士のような風采は戦時に備えたものであって、笑いの対象であったが、鉄砲隊や長やり隊は驚嘆するものがあった。

さらに信長は、寺に入ると髪を結い直し、身なりを整えた若侍として会見に臨んだ。対面場に入った信長は柱にもたれたままであった。やがて道三が現れ、その家臣が「山城守ですぞ」と呼び掛けると、信長は「であるか」と答え、ようやく道三の招待に礼を述べ、座って杯を交わした。歓談の後「また会いましょう」と言い、散会した。

美濃への帰途、猪子兵介（兵助）が道三に「何と言っても信長はたわけですな」と言うと、道三は、「山城の子たちは、たわけの門に馬をつなぎ従うことは間違いない」と述べた。以後、道三の周囲の人たちは、信長のことを「たわけ」と言わなくなった。

このやりとりは、会見を実見した太田牛一の『信長公記』（注11）に基づくが、新時代を築こうとする信長の意気込みと軍事力の強さを見抜いた道三の眼力をも記述している。

六、国盗り合戦で勝ち得た力は何であったか

道三は天文13（1544）年に、稲葉山城下で織田軍や朝倉軍に攻められたが、勝利をしている。地理をよく把握していることと、武器の工夫（長やり）をして臨んだ成果であろう。

道三の正室小見の方の親族であった若き長山城主明智光秀は、おそらく広い見

識を持ち、政治力と軍事力豊かな道三に近づき、多くのことを学んでいたとみられる。後に、光秀が越前に流浪した時、鉄砲指南役として朝倉氏に仕官しているのは、道三の指導があったからであろう。

伊勢神宮の神宮文庫に、「斎藤山城守五十ケ条」という兵法書が伝来している。その兵法は、道三が書いたというより、道三の戦いぶりから、その兵法をまとめたものと見るべきともいわれている。その要点は「武略・智略・計策の大事」で、道三が数々の戦いに勝ち抜いた経験から得たものであろうか（注12）。

七、息子義龍と戦い死に向かう心境は

主君や上役を次々に倒して国盗りをした道三は、息子として育てた義龍と戦い、討たれた。策にたけた道三が、その策に溺れて死んだ感がする。

道三は、主君頼芸の愛人深芳野が妊娠していることを承知で迎え入れ、生んだ子の義龍を我が子として育て、後継者としていたという説がある。もし、本当なら、それは、頼芸からの信頼を高める策であったであろう。しかし、その宗家土岐氏を攻め、国盗りをしたことから、反対勢力の土岐一族の者の中に、義龍に「育

ての親道三は、土岐（頼芸）の血を引いているお前を殺し、自分の血筋の弟たちを跡継ぎにするであろう」と讒言する者がいたに違いない。

弘治元（１５５５）年11月、稲葉山城の城主義龍は、弟２人を城に呼んで殺害し、父道三と義絶した。翌弘治２年４月、道三と義龍の父子は、長良川で合戦をした。義龍方には１万７５００人、道三方には２７００余人が集まった。美濃の武将たちは、既に世代交代していた義龍側に集まったのである。多勢に無勢、道三は敗死した。

弘治２年４月19日、道三が京都妙覚寺で修行する息子に宛てて出した書状（注13）が遺言状とされている。しかし、この書状は、江戸時代になって作られたものとみる人もいる。妙覚寺は織田信長の保護を受けたとされ、寺として作成したのかもしれないが、死の合戦を前にした道三の心境を言い当てたものであろう。

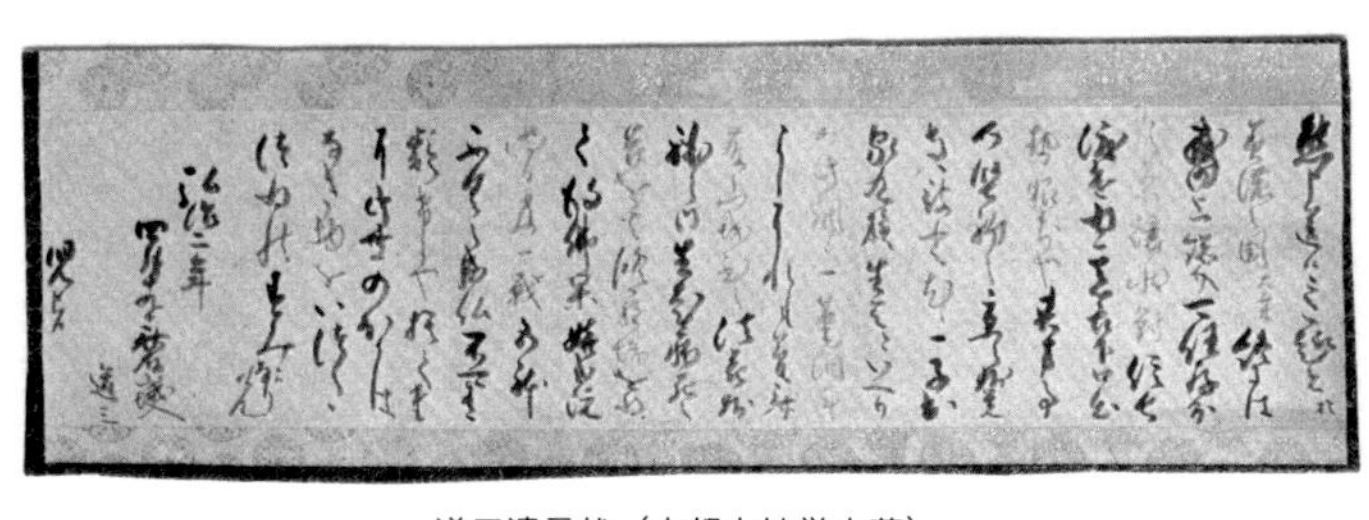

道三遺言状（京都市妙覚寺蔵）

態、申送り候意趣は、美濃国大桑において、終には織田上総介の存分に任すべくの条、譲り状信長へ対し渡遣わす、其の節のため、下口出勢眼前なり、其の方のこと、堅約のごとく、京の妙覚寺へ登られ尤も候、一子出家九族生天といへり、此のごとく調(ととの)え候、一筆泪ばかり、よしそれも夢、斎藤山城之に至りて、法花妙躰のうち、生老病死の苦をば、修羅場において仏果を得ん、嬉しいかな、既に明日一戦に及び、五躰不具の成仏、疑い有るべからず、げにや捨てだに此の世のほかはなきものを、いつくかついのすみかなりけん

弘治二年四月十九日　斎藤山城入道三

児まいる

（京都市上京区　妙覚寺文書）
（東京大学史料編纂所影写本の読み下し文）

妙覚寺と道三

妙覚寺の伝承によると、道三の弟隼人正は妙覚寺の住職日重上人の知人であり、道三の子どもは成長すると出家して観照院日饒上人と名乗り、妙覚寺住職となった。道三の婿であった信長は、上洛（じょうらく）のたびに妙覚寺を定宿にしたが、息子の信忠も同様で、本能寺の変のときに同寺に宿泊中に変事を知って二条城に入っている。なお、大阪城にも同文の遺言状があり花押も据えられている。

長良川の合戦で道三に勝った義龍は美濃一国をまとめ、幕府の相伴衆となるも、5年後の永禄4（1561）年に急死した。享年33歳であった。

斎藤道三年譜

年号	月	事項
1492（明応元）年		山城国出身の松波庄五郎、美濃で仕官、西村勘九郎を名乗る。道三の父である。
1494（明応3）年		この頃美濃にて、長井（旧姓西村）新左衛門尉の子として誕生。のちに10代守護となった頼武（政頼・盛頼）を追放し、自分が信任する頼武弟頼芸を守護職につけることを謀る。
1509（永正6）年		9代美濃国守護政房、館を革手から福光へ移す。
1519（永正16）年		守護政房死去、頼武10代相続。
1525（大永5）年	6月	美濃大乱、頼武武芸八幡神社に禁制発行。
1527（大永7）年		道三、頼芸とともに、頼武（政頼、盛頼）を攻め追放。頼武は越前朝倉氏を頼る。頼芸美濃国守護となる。側室美吉野（深芳野、頼芸の元愛妾）義龍産む。
1532（天文元）年		頼芸、長良枝広の新邸に移る。
1533（天文2）年		39歳、土岐氏の執権長井長広夫妻を殺害か、長井家を乗っ取り、長井新九郎規秀と名乗り始める。
1534（天文3）年		藤原（長井）規秀（道三）単独で谷汲山へ禁制発行。
1535（天文4）年		長良川大洪水。長井規秀はこの頃斎藤新九郎利政と名乗る。稲葉山に築城。道三と明智氏（小見の方）の間に帰蝶誕生。伊奈波神社を丸山から井口洞に移す。美濃兵火で瑞龍寺・関の龍泰寺炎上。この兵火は、頼武に加勢の朝倉氏侵攻か。

1536（天文5）年		頼芸、美濃守任官、六角定頼・朝倉孝景美濃へ出兵（10代守護頼武が越前朝倉家に居た故） 利政は守護頼芸を攻め、政治の実権を握る、頼芸尾張に逃れる。尾張の織田信秀美濃に攻め入るが敗退、利政美江寺城主和田氏逐う。
1538（天文7）年		阿願寺へ左近大夫利政名で禁制出す。
1539（天文8）年		利政は、頼純（頼武息子）と和議、頼純大桑に住む。 土岐頼香（頼芸弟、道三婿）華厳寺へ禁制出す、利政美江寺へ禁制出す。
1544（天文13）年	3月	頼武の室、崇福寺で朝倉貞景の33回忌執行。
	9月	朝倉孝景・織田信秀の軍勢美濃侵攻（頼純の要請）。朝倉軍と徳山軍は赤坂で合戦、勝利する。
1545（天文14）年		斎藤左近大夫利政阿願寺へ禁制出す。
1546（天文15）年		道三と頼純講和。翌16年、頼純死去（南泉寺殿玉岑玄珪居士）。
1548（天文17）年		織田信秀西濃へ侵攻、饗庭（あいば）城合戦。土岐頼香谷汲山へ禁制出す。
1549（天文18）年		道三と織田信秀との和睦成立、道三娘帰蝶と信長と婚約。 美江寺を現在地に移す。 娘帰蝶（桔梗、お濃の方、濃姫）を尾張信長に入輿。道三は信長と冨田の聖徳寺で会見。
1550（天文19）年		左近大夫道三、常在寺へ禁制、道三国盗り完成。
1551（天文20）年	1月	左近大夫利政西円寺へ判物。
1552（天文21）年		織田信秀没。
1554（天文23）年		道三井口道場へ判物。新九郎利尚（義龍）井口へ判物出す。

年	月	事項
1555（天文24）（弘治元）年		快川恵林寺へ入寺。斎藤山城守道三、伊勢神宮用材流下に判物出す。
	11月	義龍弟二人を殺し、道三と義絶、義龍は范可の名で美江寺へ禁制を出す。
1556（弘治2）年		道三、長良川河原で義龍に討たれる（享年62歳）。義龍、治部大輔に任官。
1558（弘治4）年		義龍、幕府相伴衆となる。
1559（永禄2）年	9月	義龍城下伝灯寺別伝と師檀の約をする。
1560（永禄3）年	2月	快川ら別伝に反発し、瑞泉寺へ出る。
1561（永禄4）年	5月	義龍死去。

（横山住雄著『斎藤道三』年譜を一部参照）

斎藤道三注記

注1　桑田忠親著『斎藤道三』（新人物往来社刊）による。

注2　『続群書類従』所収「明智系図」による。

注3　岡本良平編『織田信長のすべて』（1980年新人物往来社刊）による。

注4　『岐阜史学第七二号』所収「永禄三年六角承禎義賢条書」丸山幸太郎解読など。

注5　「茂々久岐根附録」伊東實臣著（1932年一信社刊）『美濃明細記・美濃雑事記』の所収。

注6　桑田忠親著『斎藤道三』。

注7　『美濃明細記』の「土岐系」ほかによる。

注8　土岐9代守護政房の後継者10代守護については、横山住雄が1986年『岐阜史学八〇号』

所収「土岐頼武の文書と美濃国守護在任時期」において、大永5年から天文4年としている。なお、氏には著書『斎藤道三』（1994年濃飛歴史研究会発行）がある。

注9 『岐阜市史通史編原始・古代・中世』による。

注10 岐阜市円徳寺蔵「永禄十年九月楽市場制札」および先記市史の『原始・古代・中世』による。

注11 信長家臣太田牛一が書いた主君信長一代記である。江戸初期成立とされている。

注12 横山住雄著『斎藤道三』による。

注13 道三が父新左衛門尉が修行した京都妙覚寺へ入れていた男子に宛てた書状で、道三遺言状と見なされている。但し、死を前にした道三の心境を推察して後世に作られたものとも言われている。

第二章 明智光秀の謎

はじめに

明智光秀については、二十数年前に戦国の武将ブームや武家文化顕彰ブームがあったのか、調査し、発表する機会が何回かあった。特に、「どうして光秀は信長を討ったのか」をテーマにして講話をしてほしいという要請が続いた。2020年のNHK大河ドラマ「麒麟(きりん)がくる」の放映が決まり、岐阜県・岐阜市の稲葉山ワーキンググループ委員会の委員となり、同じく委員であった谷口研語氏から著書『明智光秀』(注1)を頂戴して驚いた。光秀研究が既に大いに進んでいたのである。2019年初春から、改めて福知山、亀岡、坂本、一乗谷をはじめ、県内外のゆかりの地を訪ねたのであるが、謎は多くあって、解きたいとの思いは高まった。

明智光秀は弘治2(1556)年、斎藤道三が斎藤義龍と長良川で戦い、没した後、可児郡の長山城主をしていたが、義龍に攻められ、落城離散の身となった。その後活躍するも、天正10(1582)年6月に本能寺の変を起こし、間もなく主君を討った逆臣として歴史の表舞台から葬られたこともあって、関係史料が少なく、謎の多い人物である。

明智光秀の謎として、次の各項を設定した。

一、いつどこで生まれたか。

二、なぜ長山城を義龍から攻められたか。

三、永禄初年に越前に住むまでどこにいたか。

四、信長に重用され大出世できたのはなぜか。

五、どうして主君信長を討ったのか。

六、逆臣光秀がどうして顕彰され愛されているのか。

一、いつどこで生まれたか

明智氏は美濃国守護家土岐氏の系譜を引く一族で、頼重の時、土岐郡妻木を拠点として明智姓を初めて名乗り、後に可児郡明智荘の長山城主として活躍した一族である。一族の墓は、長山城下だった現在の可児市瀬田の天龍寺境内にある。

光秀の生誕年については、「明智氏一族相伝系図書」(注2)では、享禄元

（1528）年としているが、確証はない。しかし、細川忠興に嫁いだ長女珠をはじめとする子どもの年齢などを勘案すると納得しやすいので、一応享禄元年の誕生としておこう。

どこで誕生したかについては、可児郡瀬田の長山城下とするのが考えやすいが、諸説ある。

○恵那郡明智（恵那市明智町）母小牧の方の在所
○石津郡多良（大垣市上石津町）多良城主進士信周の
　次男として誕生し、明智家へ養子入りする
○山県郡中洞（山県市中洞）土岐頼基の子として誕生
　後、明智家へ養子入りする

合わせて4カ所の説があるが決め手はいずれもない。

明智氏の系図としては『続群書類従』所収系図があり（注2）、次のようである。

明智氏一族の墓（可児市瀬田 天龍寺境内）

明智氏系図（『続群書類従』所収）

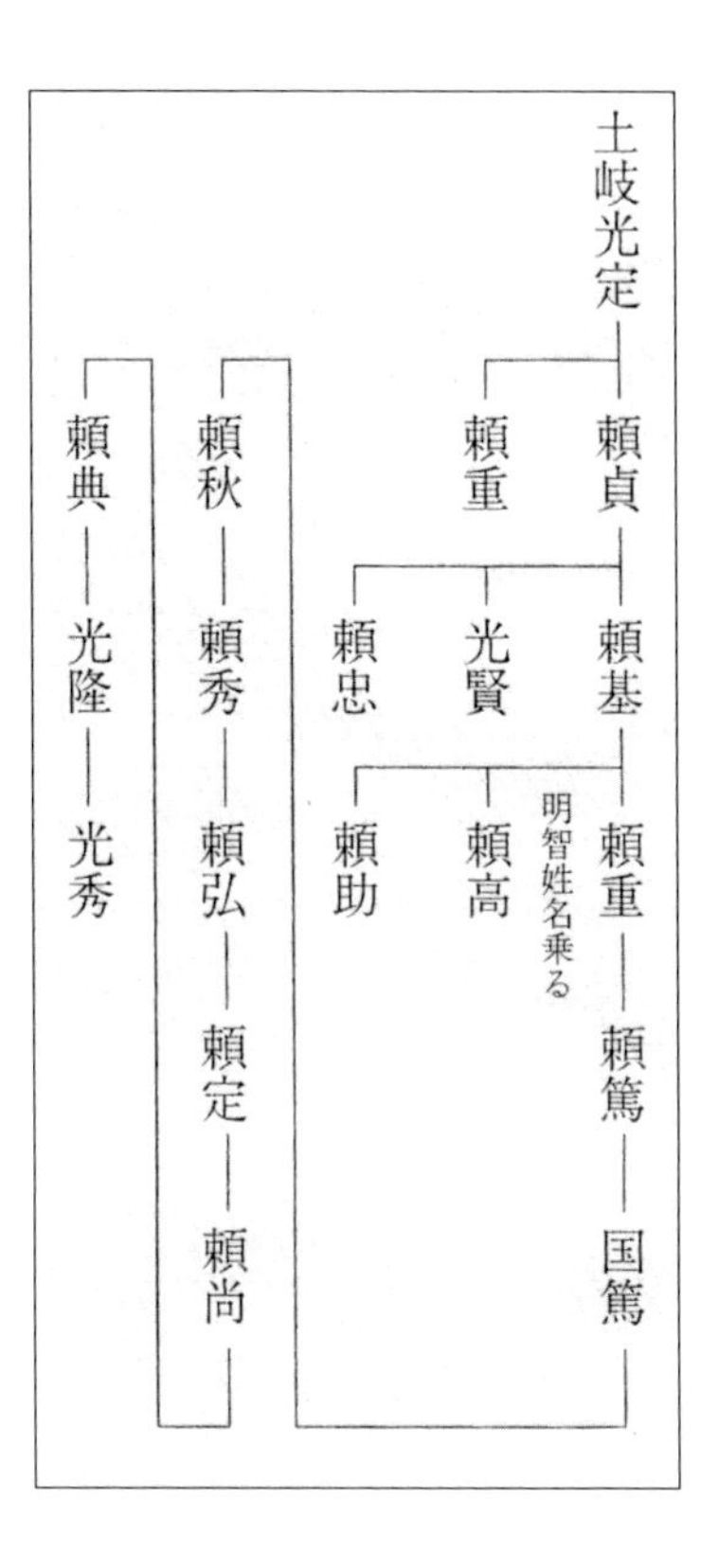

この系図は、頼重の時に明智姓を初めて名乗ったとしている。頼重は土岐郡妻木の妻木城主となり、ここに菩提寺の崇禅寺がある。明智氏のルーツである。明智氏系図は複数ある。『美濃国諸旧記』（注3）の「土岐一族の家柄分明の分」の頭書に、「明智氏」について、次の記述がある。

可児郡明智の城主　一万五千貫なり
駿河守　　　　　　遠江守　　　　　　十兵衛

右は、文明より弘治の頃迄三代の人なり、当家の元祖は、土岐民部大輔頼清の次男下野守頼兼と申して、大膳大夫頼康の舎弟なり。

（『美濃国諸旧記』）

これを受けて、次のような系図が見られる。

頼兼（長山 下野守）―光明（長山 遠江守）……（六代孫）
┬光継―光綱―光秀
└光安―小見の方（道三室）―帰蝶（信長室）

（『土岐氏主流累代史全』、注4）

この系図の特徴は、光秀と道三室小見の方との関係を示していることである。

いま一つ、「沼田系明智氏系図」（注5）がある。

頼基系土岐明智氏系図

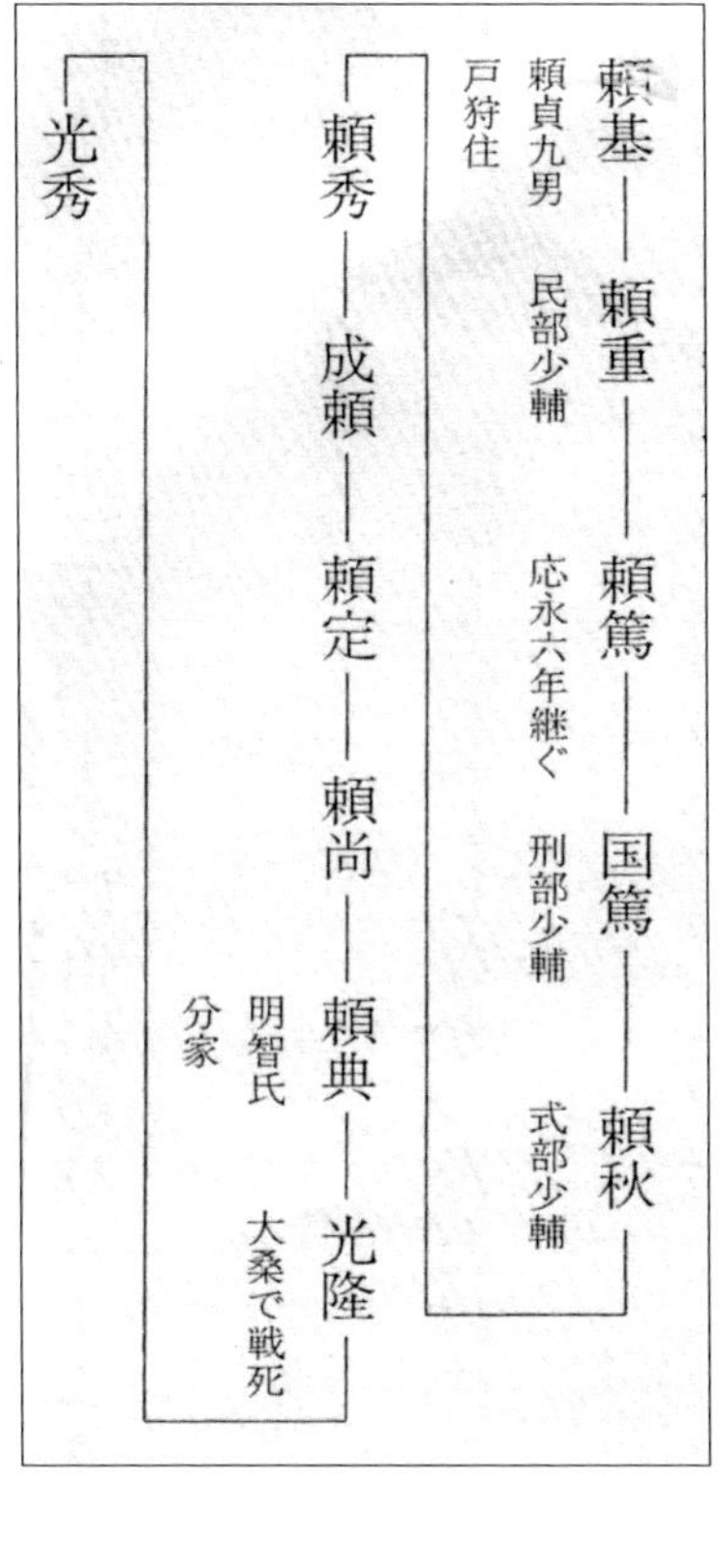

（『土岐氏主流累代史全』）

この系図は、戸狩（瑞浪市）居住の頼基から始まっているが、全体に『続群書類従』の「明智氏系図」と重なっている。この系図の特徴は、光秀の祖父頼典に不幸があって廃嫡され、明智宗家は弟頼明が継ぎ、頼典は明智分家を興している、とする点である。頼明は次のような系図である。

頼明――定明――定政――頼行――頼殷――頼稔――頼熙
頼典弟　明智宗家当主
大桑で戦死
家康に従い　天正10年　甲斐で2万石城主

（『寛政重修諸家譜』巻二九二土岐系図）

定政から3代後の頼稔の時、寛保元（1741）年に江戸幕府老中となり、上野国沼田城3万5千石をもらい受けた。以後、沼田土岐氏（明智氏）を名乗ることを許され、土岐氏を名乗る大名家となっている。

『岐阜県史通史編中世』掲載の「土岐氏主流系図」では、頼貞の九男頼基を元祖としており、沼田系土岐明智氏系図はそれを受けている。このように、光秀のルーツは複数の系図があり、はっきりしない。山県郡中洞出生説は、「土岐頼基」が明智光秀の父としているが、土岐頼基を元祖とした家の子孫として解釈すればよいかもしれない。山県郡中洞出生説も、多芸郡多良出生説も、明智家へ養子入りしたのであり、その養子先が可児郡瀬田長山城下とすれば、光秀の最初の拠点が長山城であったことは、異論がないようである。

二、なぜ長山（可児郡）城を義龍から攻められたか

弘治2（1556）年8月、義龍は3千の兵を出して、可児郡の明智一族が拠点とする長山城を攻めた。明智勢はわずか380人だったという。明智勢はよく戦ったが、9月になって、光秀の後見人光安が弟光久とともに討ち死にし、長山城は落城した。光秀は流浪の身となった。

義龍に攻められた理由は、光秀の祖父光継の弟光安が、娘の小見の方を斎藤道三に嫁がせていたことから、長良川合戦の時に義龍の出兵の呼び掛けに応じず、城に引きこもっていたためであった（『美濃国諸旧記』）。

光秀は『美濃国諸旧記』によれば、天文7（1538）年に父光綱が死去した

時、11歳であったが、明智家の惣領職に就いた。若年であったので、光安が後見人となった。この光安については、父光綱の弟説もある。光秀の叔父ということになるが、その娘小見の方が道三の室となっていることを考えると、納得しにくいのではないか。天文18年は小見の方の長女帰蝶が14歳前後で信長に嫁いだ年である。光秀は、22歳になっている。小見の方は30代後半に差し掛かっていたとみるべきである。道三は55歳である。叔父の娘が光秀より10歳以上年上とは考えにくい。やはり、光安は祖父光継の弟とみるべきであろう。

弘治2年、長山城が陥落した時、光秀は28歳になっていた。明智氏出身の小見の方との関係で、光秀は道三から鉄砲術や兵法、さらに茶道など文化面も指導を受けていたに違いない。後に、越前朝倉氏の元に寄留した時、鉄砲指南役を務めていたといわれているが、この技術は道三を師匠として学んだものであろう。

三、永禄初年に越前に住むまでどこにいたか

越前すなわち福井県方面では、光秀が長山城から落ち延び、そのまま越前に来たとされているが、果たしてそうであろうか。弘治2（1556）年、28歳であっ

た光秀には妻子があり、妻子を伴っての流浪の身であったに違いない。
『美濃国諸旧記』（巻之六）に、「光秀部屋住になりてありける砌、遊客となりて山岸の許に来り、桂の郷の下館に暫く住しけるが……」とあり、光秀が若い頃、桂郷に寄留していたことが記述されている。桂郷とは、現在の揖斐郡揖斐川町にあった揖斐城主である頼芸の弟揖斐五郎光親が支配していた所で、揖斐城の北裏である。揖斐光親は天正７（１５７９）年に72歳で没した人であり、光秀を保護する力を持っていた。

光秀の越前行きは郡上筋を通ったという説もあるが、山県郡大桑は土岐氏の本拠地であった所であり、また同郡中洞には光秀伝説が残っていることから、長山―中洞―大桑―揖斐経由ルート説も考えられる。この場合、可児郡長山城下から流浪し、揖斐の光親の元に一時寄留し、根尾谷奥の蠅帽子峠か徳山の冠峠越えで越前へ赴いたという説である。特に、山県郡中洞に明智伝説があることを考えると、何らかの縁があった気配がする。

明智氏を攻め滅ぼした斎藤義龍は、土岐頼武・頼芸の2代の守護を追放して美濃国を乗っ取った後斎藤氏である。土岐一族である明智光秀は、「土岐氏復活」

という共通の目標を持てる土岐一族が勢力を張っている土地を経て、越前へ赴いたのではなかろうか。

越前では、光秀の寄留について、次のように伝わっている。

弘治2年、美濃で落城、流浪すると、越前丸岡町（坂井市）の称念寺にたどり着き、妻子を仮寓(かぐう)させたという説である。

その後、光秀自らは旅に出て文武両道を磨き、堺で火縄銃をマスターした。このことがきっかけとなって、越前守護職朝倉家に鉄砲指南役として仕官することとなった。

永禄5（1562）年、朝倉氏に仕官して居住したのは、一乗谷の西の集落東大味郷（現福井市東大味）であった。東大味には明智神社（注6）があり、光秀が祭られている。その理由は、朝倉氏の治める一乗

丸岡の称念寺（福井県坂井市丸岡町）

明智神社（光秀木造）一乗谷の朝倉氏支配下の東大味で居住時代、世話になったので、朝倉討滅時に柴田勝家に依頼、焼き払いを止める（福井市東大味）

谷が焼き尽くされた時、朝倉氏所領の東大味も焼き払われることとなったが、居住した折に村民から良い接遇を受けた光秀が、焼き払い役の柴田勝家に、村を保護する禁制を発行することを頼んだからという。その時の禁制が残されてもいる。村民は光秀の人情に感謝し、光秀の木像を入れた神社を建て、「あけっつあま」と呼んで祭ってきた。

永禄9年、足利義昭を奉じる細川藤孝が越前に来た際、細川に臣従する。やがて、義昭と藤孝は朝倉氏の元に居留する。

永禄11年7月、岐阜の信長の元へ義昭と藤孝を案内する役を務める。

この越前側の光秀在留説は、かなり説得力がある。その理由として次の3点を挙げよう。

①一乗谷朝倉氏遺跡資料館学芸員の石川美咲氏が根拠とする『遊行三十一祖

京畿御修行記』（注7）中の記述。それには、「惟任方……美濃土岐氏牢人たりしが、越前朝倉義景頼み申され、長崎称念寺門前に十カ年居住され」とある。「十カ年」というのは間違いで、東大味に5年ほど居住しているから、ここは5年以内であろう。

②光秀が修学の旅に出たということは、よく理解できる。文武両道を磨いたのは道三の下だけでなく、それぞれ本場で学んだということである。京都では茶道や有職故実、堺では鉄砲術である。そして、広い見聞を得た。

③後で述べるが、東大味には光秀の人情深い処置に感謝して、「明智神社」が建てられていて、歴然とした光秀居住の証しと言える。

四、信長に重用され大出世できたのはなぜか

信長と岐阜で出会った後、光秀は細川に臣従する立場から、逆に細川の上に立つまでになる。そして、西近江、京都の西の丹後一国を所領とする近畿管領的立場の大大名にのし上がった。その背景には、次のような点があるとみる。

①全国統一を希求する信長に共鳴し、そのための戦いの必要性を強く認識し、諸戦に力を尽くした。それとともに、戦乱の世を終わらせて、平和を実現したいと考えた。

信長に出会ってからの目覚ましい働きがそれを証明している。流浪の生活の中で、細川忠興が主君とする足利義昭に出会い、さらに天下統一を目指す信長に出会って、戦乱の世の終結に向けては非情な激戦もやむなしとして働いたのであろう。

②土岐明智氏を復活させ、幕府の重要位置で働きたいという願望を強く持っていた。

足利の歴代の将軍に仕え、室町幕府の重職に就いて、幕府を支えてきた土岐氏の歴史を踏まえ、実現できそうなチャンスが訪れかけたと判断したとみられる。将来像として、将軍を頂点に、朝廷の安寧を願い、朝廷と連携して全国を支配する武家政権を描いていた。信長の持つ、朝廷を支配下に置く武家単独政権構想とは異質の考えであった。このような光秀の意図は、信長の重臣的立場で働いている時期には将軍義昭と離縁の形をとっていたが、本能寺の変後、義昭に報告し、再縁を望んでいたことからうかがわれる。

信長・信忠父子を倒したとき、自らが将軍となることが頭をよぎったかもしれない。しかし、細川をはじめとする諸大名の存在から、足利義昭の将軍職復活をもって、それを支援する大名の筆頭となることが、戦乱の世を治め、土岐氏の復興も果たしたと言えるとしたのであろう。

「土岐氏は、御一族（足利一門）の次、諸守護家の筆頭『家中竹馬記』」と土岐家一族で言い伝えてきたことが、意識の底から離れないのであろう。

それ故に、信長の武家単独政権を目指した全国構想にまで進展したものではなかった。武家単独政権は、豊臣政権でなく、家康の徳川幕府の実現によって、ようやく具現されたのである。
③都の公家・寺社と良い関係を持ち得る力を養っていて、信長に活用された。
11歳で長山城主となって、弘治2（1556）年に28歳で道三と死に別れるまでの17年間に道三の示唆を得て、京都や堺方面に出て、有職故実や鉄砲術を学んだものとみたが、先記の永禄初年越前移住説では、妻子を寺に預けて、一人修学の旅に出たとしており、両論が並立する。現在のところ、どちらとも決め難いも

の の、若いころに都で学び、公家らとのパイプを構築する時間があったことには違いはない。

道三父子は京都に近い西岡出身であり、京都上京区の妙覚寺と縁が深く、公家との人脈も築きやすかったのではなかろうか。道三亡き後、朝倉義景を頼ったのであり、やがて細川忠興と足利義昭も義景の所へ身を寄せることから、朝倉義景の力も借りての京都方面への修学の旅であったかもしれない。美濃から、そして越前からと、2度の関西への修学の旅とも考えられる。

④その土地の武家や土豪を味方に付けるため、地域の課題をつかんで解決に努力するなど、智略を使うことを主とし、武力を背景にしつつも、極力血を流さないようにした。

丹後平定を命じられた光秀が、どうしてそれを実現したかを見れば、納得できる。信長の丹波国の平定は、天正3（1575）年正月、明智光秀に命じたことに始まる。黒井城（赤井氏）、籾井城、小山城、高山城、馬堀城、八上城（波多野氏）、宇津城、鬼ヶ嶽、峰山城を次々に陥れ、同7年10月には平定を完了して、翌天正8年8月、信長から丹波一国を与えられている。7年かかっているが、ここでの合戦と征服後の治政が見事であった。

その好例は福知山で見ることができる。

福知山は由良川の水害に苦しんでいた。光秀は由良川に堤防を築いた。特に、土師川との合流部は水害のひどい地点であったので、堤防に竹を移植して補強した。これは、現在も残存しており、「明智藪（やぶ）」（注8）と称されている。光秀は城下町づくりも巧みで、商業が盛んな町として、商品流通の結節点として栄えることとなった。毎夏のお盆を中心に2週間、福知山祭りが開催され、光秀の城造りや善政をたたえる文言がうたわれている。

光秀に感謝して祭った御霊神社（注9）は、江戸時代の領主も支援し、その祭礼は福知山の繁栄を表すものとして注目されてきた。香具師（やし）や的屋（てきや）の信仰を一手に引き受けてもきた。明智光秀ゆかりの寺院は常照寺、蓮行寺、天寧寺があり、つぶされることなく維持されている（ただし、近年、蓮行寺はなくなったという話もある）。常照寺と蓮行寺には位牌（いはい）があり、天寧寺には光秀書状がある。

五、どうして主君信長を討ったのか

近年、岡山市の林原美術館蔵の「石谷家文書」が発見され、光秀が四国の長宗我部元親攻略役を進めていたところを、信長が秀吉の進言を取り入れ、長宗我部を味方に取り込む策から敵として攻める策に大きく転換したことが分かった。これに伴い、長宗我部攻略役は光秀に代えて、丹羽長秀が補佐する神戸（織田）信孝とした。

光秀は、重臣の斎藤利三と石谷頼辰（注10）を元親の元に派遣するとともに、利三の長女を元親に嫁がせ、長宗我部攻略は首尾よく進めていた。よって、光秀の面目は丸つぶれとなった。さらにこれは、近畿地方で勢力を拡大しつつあった光秀の将来構想を崩し、光秀を追い詰めた。

そうした状況下、中国地方で毛利氏攻略戦を支援する出兵を命じられた。その時偶然、織田信長と後継者織田信忠が護衛軍なしで本能寺に駐留するという間隙（かんげき）ができたのである。そこを突いて、暴君的性格を見せる信長を討伐する挙に出た、という説が注目されている。

天正10（1582）年5月21日付の「斎藤利三宛長宗我部元親書状」の内容で、長宗我部元親が苦難の状況に追い詰められていることが分かり、「本能寺の変」発生要因として、この長宗我部攻略変更説を裏付けるものとなった。

土佐の大名長宗我部元親は天正4年、阿波の三好康長、讃岐の香川氏、羽床氏らを下し、阿波、讃岐に侵攻し、四国全体に勢力を拡大しつつあった。しかし、阿波の三好が秀吉によしみを通じ、信長に長宗我部の侵攻を抗議した。秀吉は近畿地方において勢力拡大を図る光秀の勢いをそぎ、信長自身の勢力を植え付けるべきと進言したのか、信長は光秀の報告を受けて長宗我部を取り込む約束をしていたのを反故（ほご）にし、長宗我部討滅へ方針転換した。しかも、四国平定役を三男（神戸）信孝とそれを補佐する丹羽長秀に命じたのである。

元親の書状の内容からは次のような状況がうかがわれる。

①信長から阿波、讃岐への侵攻を止める旨の朱印状が元親に届き、それへの返事が遅れていることと信長への時節にあった贈り物が決まらない。

②信長の朱印状の意向、内容に沿って、阿波の一宮、夷山、畑山など、讃岐と両国に近い土佐の諸城から撤退した。これまで信長のために粉骨砕身し、反

逆の気持ちはないのに、思いもよらない仕打ちに遭うことは納得がいかない。
③これ以上、信長の命令に変更がなければ、御礼を申し上げたい。どうあっても、土佐の海部、大西両城だけは撤退できない。これは、阿波、讃岐への侵攻を望んでいるのではない。土佐の玄関口であり、どうしても維持したい。

信長から、侵攻した阿波、讃岐からの撤退や国境の城からの撤退を求める朱印状が届いていたことが分かる。その上、信長はこの書状が出された10日余り後の6月3日、神戸信孝と丹羽長秀に対し、四国の長宗我部を攻め滅ぼすよう出兵を命じていた。この書状は、元親が正妻の父斎藤利三に、追い詰められた苦悩の状況を伝えたものである。当然、光秀も腹心斎藤利三と共に追い詰められていた。本能寺の変は、その長宗我部攻撃の1日前に挙行されたのである。

ところで、元親は本能寺の変が発生して救われた。初めは秀吉と対立したが、臣従し、土佐一国の支配を許された。後継者盛親の母は、利三の娘であった。ところが、関ケ原合戦で西軍に味方し、長宗我部氏は、滅亡した。

六、逆臣光秀がどうして顕彰され愛されているのか

光秀は天下統一という大業に突き進んだ英雄織田信長を主君とし、その有力な部下として多くの合戦で功績を上げ、非情な命令にも忠実に従い、実行した。その主君信長を討ったのであり、逆臣の代表格として、その後の歴史的評価やイメージも厳しいものであった。それにも関わらず、光秀ゆかりの地では、当初はひそかに、やがてはかなり表立って顕彰されるようになった。まず、主なゆかりの地、遺跡を拾い上げよう。

大津市坂本

西近江の滋賀郡をもらい受け、比叡山の麓に最初の築城を許された。天台宗三本山の一つ、西教寺には、光秀夫婦の木像と位牌があり、明智軍兵や妻熙子の墓所がある。また、光秀の辞世の漢詩を刻んだ石碑もある。

京都府福知山市

光秀築城地の一つ、福知山城には光秀築城時の石垣があり、資料館が設けられて

いる。市内の由良川沿いには明智藪を残し、治水功労をたたえている。また、お盆のころに、光秀をたたえる歌と踊りが披露される。光秀を祭る御霊神社がある。

京都府亀岡市

光秀の築城地の一つ、亀山城跡は現在、新宗教の本拠となっているが、光秀築城の中核地は信仰のシンボルとして保護され、石垣も保全されている。光秀関係史料を多く所蔵し、展示する資料館がある。また、毎年光秀祭りが催されている。

福井市東大味

一乗谷朝倉氏遺跡博物館では、光秀の越前寄留を明示する特別展を開催した。近くに光秀が居住した東大味町には、光秀を祭る明智神社がある。

可児市瀬田

光秀が明智氏の総領となり、城主をしていたという

西教寺総門（坂本城大手門の移築）

坂本城跡に建つ光秀像

長山城跡があり、境内に明智一族の墓所がある天龍寺には位牌もある。出生を示す井戸も所在する。

土岐市妻木

土岐頼重が最初に明智氏を名乗った時の居住地であり、菩提寺である崇禅寺や妻木城跡がある。光秀の妻熙子の在所でもある。

恵那市明智町

明智遠山氏の本拠地。光秀の母小牧の方の在所で、小牧の方はここで光秀を生んだとされている（伝承による）。

大垣市多良

光秀の父光綱の妹が、多良の進士家へ嫁いで光秀を生み、光秀は光綱家へ養子入りしたという。「明智氏一族宮城家相伝図書」による。

岐阜市

永禄11（1568）年7月、織田信長は光秀の仲介を得て、越前の朝倉義景の元に身を寄せていた足利義昭を岐阜西ノ庄の立政寺に迎えた。同年9月、信長は義昭を奉じて上洛した。

山県市中洞

中洞で土岐頼基の子として誕生後、明智家へ養子入りした。山崎の合戦で敗れ、小栗栖で一揆勢に襲撃され、自害したのは影武者で、自らは故郷の美濃の中洞へ帰り、荒深小五郎と改名して生きたという伝承がある。中洞には、桔梗紋の宝篋印塔(ほうきょういんとう)があり、光秀墓として、地元民は毎年4月と12月に光秀供養祭を催している。

まだまだ各地に明智光秀を顕彰するゆかりの地はあり、光秀は愛されている。それはどうしてか。これについては、次のように考える。

1、残虐な一面を持つ信長を討ち滅ぼしてくれた正義の人という印象が強く広がっていたから

信長は天下統一という事業を推し進め、戦乱に明け暮れる世を終わりに向かわせ、しがらみの多い中世社会を破壊して、新しい近世社会への移行をもたらした功労者であるが、それは後世の評価である。

信長が生きていた時代には、信長は非情な虐殺者という見方が一般的であった。数万人を惨殺した「長島一向一揆」の鎮圧をはじめ、「比叡山 焼き討ち」、反逆した荒木村重の一族に対する過酷な処刑などに庶民は目をそむけていた。

また、長く臣従して働いた武将に対しても、あっさり流刑などに処し、仕える武将たちを恐怖で支配した暴君信長を退けた人物として、英雄視される面もあった。

2、人情の厚い人だったから

世話になった人たちに対し、身分に関係なく手厚い感謝を示す人であった。一乗谷の近くに住んだ時の住民の世話を忘れず、住民が焼き討ちに遭う危機に際し、これを救って、神様として祭られることとなったことからも読み取れる。また、西近江の一向一揆で多くの兵が戦死したのを受け、光秀は戦死者全員の供養米を坂本の西教寺に奉納した。こうした家臣に対する思いやりを行動で示した武将は少なかった。

信長を討ったということで、次の覇者秀吉から悪者扱いされたが、秀吉の晩年の所業の悪さから、人柄の良い光秀に生きていてほしかった、天下人として活躍してほしかった、というような願望を持つ人が多くいた。
山崎合戦後に死んだのは影武者という説、天海への変身説などがある。

3、善政を行い、地域貢献をした人だから

これは、福知山市や亀岡市の人たちが、今日の町の繁栄の基礎を築いてくれたのは光秀公だとして、顕彰活動を続けていることから言える。

このように、光秀は魅力の多い武将であり、また文化人であった。天然痘にかかり、顔に跡が残る熙子と結婚し、生涯ほかに側妻（そばめ）を持つことのなかった人物でもある。そうした武将であるから、亀山から偽りの出兵をした時に裏切り者が出なかったし、さらに山崎での秀吉軍との合戦に1万5千人の兵士がはせ参じたのだろう。

この明智軍には、出身地の美濃よりも、平定戦で戦った土地、すなわち新しく光秀の所領になった地の人たちが圧倒的に多く集結していることから、光秀への信頼度の高さが分かる。

光秀が慕われていたことを示す京都府福知山市に残された史跡や風習

明智藪

光秀を祭る御霊神社

光秀をたたえる夏踊り（盆踊り）

まずは、道三と光秀の謎に迫ろうとしたが、次に、信長の謎に迫りつつ、道三、光秀との関係も見直しを図りたい。

明智光秀年譜

年号	月	事項
1528（享禄元）年		可児郡瀬田の長山城（明智城）下に出生？養子説幾多あり。 明智家総領職に就く。斎藤道三室小見の方が明智氏出身の関係で、道三から軍事・経世などの教導を受けた？
1538（天文7）年		
1556（弘治2）年		父道三を戦死させた義龍に攻められ、長山城陥落。一族離散・流浪の身になる。 越前丸岡の称念寺の門前に潜居。妻子を寺に預け、近畿へ修学の旅に出る。 堺で鉄砲術、京都で公家と知り合い、有職故実など学ぶ。
1562（永禄5）年		朝倉氏に士官。鉄砲指南役に。一乗谷の西方の東大味に居住。
1566（永禄9）年		朝倉氏を頼り一乗谷に来た足利義昭に臣従の細川藤孝に仕える。
1568（永禄11）年	7月	義昭を案内して、岐阜信長の元へ。 信長が義昭を奉じて上洛するのに、細川藤孝と共に従う。
1569（永禄12）年	9月	朝廷・公家たちとの交渉役を担い、義昭の将軍就任に貢献。 木下藤吉郎・丹羽長秀と共に、軍政に携わる。 京都の公家・寺社の所領の仕置きや庶政で、評判を高める。
1570（元亀元）年		信長の若狭・越前討伐、近江堅田及び摂津の三好三人衆攻撃に貢献。
1571（元亀2）年		近江に出陣、滋賀郡を付与され、坂本に築城。
1573（天正元）年		越前朝倉氏滅亡後の庶政担当。大和多聞山城を守り、東濃に侵入した。

年	月	事項
1574（天正2）年		武田勝頼に供える。河内の三好氏に従う一向一揆と戦い、高屋城を囲む。
1575（天正3）年	7月	信長より九州の名族惟任姓をもらい、日向守に任ぜられる。
	8月	越前攻めに参戦。以後丹波攻略を担う。
	11月	丹波国多紀郡八上城主波多野氏及び氷上郡黒井城赤井氏を攻め、誘降させる。
1576（天正4）年	1月	波多野氏離反、破れて坂本へ帰城。
	2月	丹後へ再出陣。
	5月	信長の石山本願寺攻めに加わる。
		光秀発病。
1577（天正5）年	6月	信長見舞う。
	7月	平癒。信長の紀州征伐に参戦。
1578（天正6）年		松永久秀の大和信貴山を攻め落とす。
1579（天正7）年		丹波の内藤氏の亀山城、波多野氏の八上城を攻め落とす。
1580（天正8）年		丹波平定、丹波一国支配を命じられる。
1582（天正10）年	3月	信長の武田勝頼攻めに従軍。
	5月	14日、安土城での徳川家康接待拝命。 17日、備中高松城攻めの秀吉救援を拝命。 26日、亀山城で出陣準備。 27日、愛宕神社参拝。
	6月	1日深夜、京都本能寺宿泊の信長と、妙覚寺宿泊の信忠を襲撃するため出陣。信忠は二条城へ避難するも、父信長と共に討たれる。 13日、山崎の秀吉軍と合戦し、敗北。落ち延びる途中、小栗栖で一揆勢に襲撃され、没する。

（主として岡本良一編『織田信長のすべて』による）

明智光秀注記

注1　谷口研語著『明智光秀―浪人出身の外様大名の実像』（2014年洋泉社発行）。

注2　「明智氏一族相伝系図書」は『続群書類従』所収。

注3　『美濃国諸旧記』編者不明、寛永～正保期編。

注4　渡辺俊典著刊『土岐氏主流累代史全』（昭和63年遠山印刷）。

注5　「沼田系明智氏系図」は、『寛政重修諸家譜』巻二九二土岐系図中にある。

注6　福井市東大味町に「あけっつあま」と呼称されてきた明智神社がある。永禄5年頃から朝倉義景に仕官、東大味に居住。その時地元民に世話になったことから、朝倉城下が焼き払いを受けるとき、その任務を命じられた柴田勝家に光秀は保護を頼み守られたことに感謝して、光秀木像を入れた神社を建て祭ってきた。近年は、神社近辺の土井（居）三家で祭っていたのを、東大味区として管理し祭るように変わったという。集落の西南の西蓮寺には、天正3年の安堵状が伝存している。

注7　『遊行三十一祖京畿御修行記』とは、時宗の総本山遊行寺の31代同念上人が、天正6年7月から同8年3月まで各地を遊行した際近侍者が記録したもの。その中で、坂本に在城中

の光秀に、従僧を派遣したところ、かって称念寺門前に居住していたことをその僧になつかしく話した、とある。但し、この修行記は、現在本書は行方不明で、写真のみ一乗谷朝倉氏遺跡資料館にある。この修行記で、称念寺門前に10年住んだとなると、東大味居住が消えてしまうので、3~5年程であろうか。

注8 福知山市の由良川沿いに、光秀が治水努力をした証しとして、「明智藪」と名付けられたヤブがあり、市の史跡となっている。

注9 明智光秀を福知山の町の基礎づくり功労者として、宝永元(1704)年福知山城主朽木氏初代伊予守稙昌が、常照寺に光秀の霊を勧請すると、光秀善政を偲ぶ御霊会が盛んとなり、元文2(1737)年御霊神社が建立されるに至った。この時、朽木氏は時の桜町天皇の協賛を得て実行した。ところが、その後儒者が「逆臣を祀るのはいかが」と批判を出してきたので、その地にあった宇賀御霊神を祭神とする稲荷神社を合併し、表向きは稲荷神社と称する時期があった。この神社には、全国の貧しいテキヤ(移動出店)の信仰の対象となり、全国から参詣者がある。なお、御霊神社の社殿の屋根には桔梗紋があり、光秀の木像、光秀自筆の陣中家法、鉄砲書が伝存されている。

注10 石谷氏は、斎藤利三と共に、四国の長宗我部氏攻略役を担っていた光秀の重臣の一人。天

正10年5月、明智家の働きで、長宗我部元親は、信長軍団に組み入れられることとなっていたのを、急に、神戸信孝・丹羽長秀連合軍の攻撃対象にするという信長の方針変換に困惑し、元親が讃岐・阿波両国から土佐へ退いて生き残りをかけていることを、斎藤利三に伝えようとしていることを内容としており、本能寺の変の引き金になったことを示す史料として、注目を集めている。

明智光秀と斎藤利三・石谷頼辰および長宗我部氏の関係を見る系図については、諸説ある。東京大学史料編纂所蔵の「斎藤一流系図」（田中豊刊）を主軸にすれば、下図のようになる。

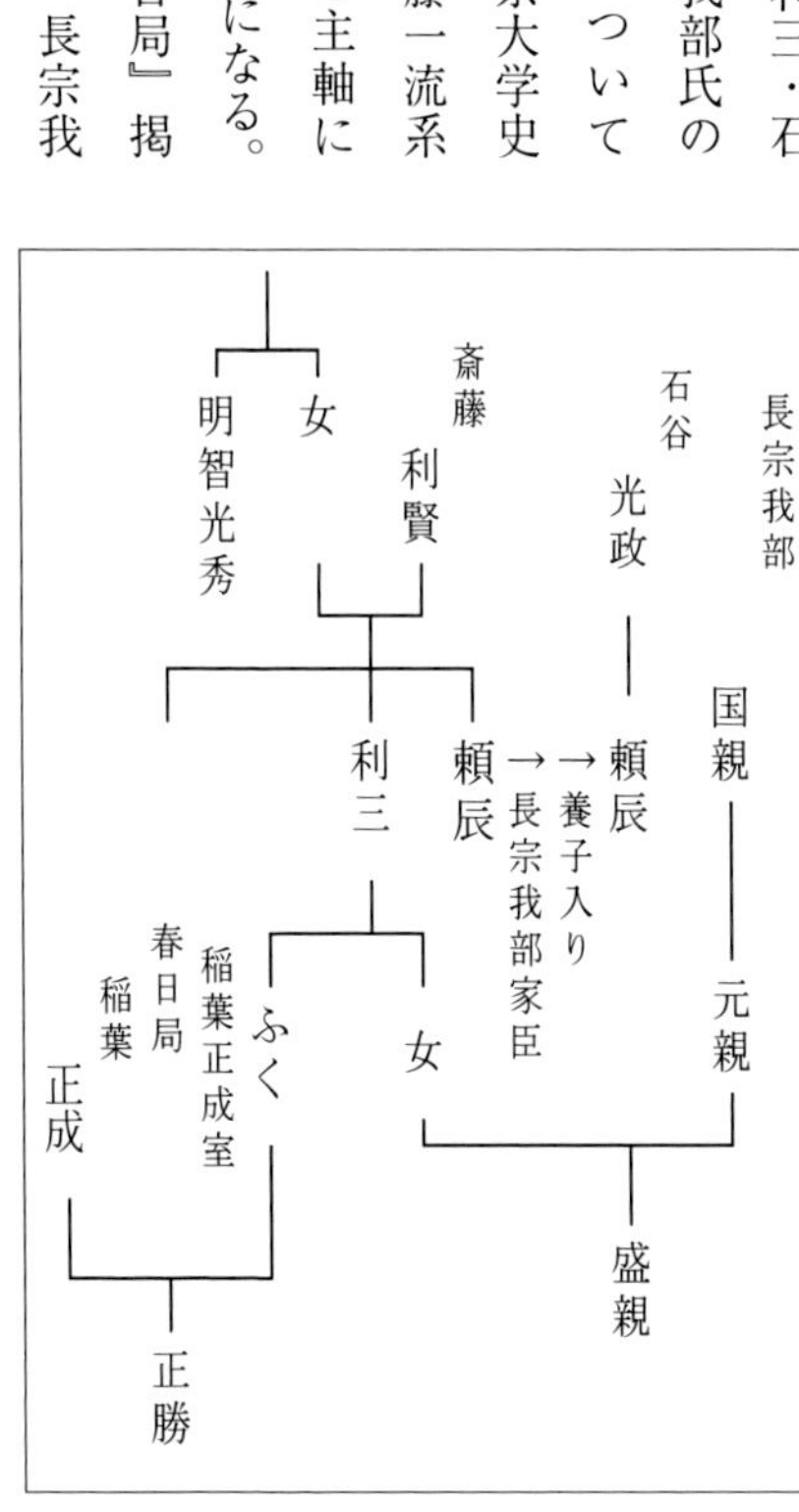

福田千鶴氏『春日局』掲載の「斎藤・石谷・長宗我

部系図」には、石谷光政の娘が、元親の室となり、頼辰の娘が、盛親の室としている。ここでは、東大史料編纂所蔵の「斎藤一流系図」を一応採用し、福田千鶴氏作成図を参考とする。いずれにしても、長宗我部氏と、美濃の明智光秀家・斎藤利三家・石谷頼辰家は親族関係にあった。

第三章

織田信長の謎

はじめに

斎藤道三、明智光秀、織田信長の年齢関係は、通称生没年からすると、天文18（1549）年に道三の娘帰蝶が信長の元へ輿入れした時点で、道三55歳、信長15歳、帰蝶13か14歳、光秀20歳ということになる。道三の年齢が大きく離れているが、信長・帰蝶夫妻とは親子であり、光秀にとっても道三は親の世代であった。

道三は他国（山城国）出身ながら、美濃国の守護土岐氏の家臣となった父を踏み台としたとはいえ、守護土岐氏を追いやって国主的地位に上り詰めたのであり、若き光秀や信長にとって謎多き新星的存在に見え、そのパワーの根源を学び取ろうとしたことは当然であろう。

その道三は鉄砲の威力を知っていて、光秀や信長に伝えたといわれている。道三は、どうして鉄砲の威力をつかんだのであろうか。謎であるが、信長が光秀たちに支えられて天下統一事業を進める時、鉄砲使用が大きく役立ったことは言うまでもない。道三が光秀、信長の師匠的役割を果たしたことの一つである。

近年、信長研究が進展し、既存の見方に対する見直しが相次いで展開されている。例えば、「中世的な権威を否定し、近世への道を大きく開いた革新的な英傑」という評価は後退し、意外にも、既にあるものを次々に取り込んでいた人物であり、保守的な考え方を持っていたのであろうなどと、評価が変わってきている（注1）。果たしてそうであろうか。それでは、信長についての生涯の謎を探りつつ、信長の革新性と保守性について言及しよう。

信長の生涯の謎は多くあり、天文18年に道三の娘帰蝶と結婚した以降で、次の諸点を挙げよう。

一、道三の娘帰蝶はいつ誕生し、いつ信長と結婚したか。
二、大うつけ姿をしていたわけ。
三、美濃征服の手立てと時期。
四、「天下布武」印使用の意図。
五、楽市楽座政策の打ち出し。
六、信長と義昭との関係、そして決裂。
七、決裂後の将軍義昭の存在の実態。

八、信長の政権構想は革新的だったか。

一、道三の娘帰蝶はいつ誕生し、いつ信長と結婚したか

信長は天文3（1534）年、織田信秀の子として、尾張の那古屋城下で生まれたことは通説となっていて、異説は出ていない。道三の娘帰蝶の誕生については、『美濃国諸旧記』（以下『諸旧記』）に天文4年とあり、桑田忠親氏は『諸旧記』説をとっていて、通説の基となっている。道三41歳の時の子であり、道三にとっては遅くに生まれた子である。『美濃国諸家系譜』（以下『諸家系譜』）中の「斎藤道三系図」（注2）では、帰蝶の誕生は天文5年としている。

『諸家系譜』は、道三には大永7（1527）年、33歳の時、稲葉一鉄の姉美吉野（深芳野、守護土岐頼芸愛妾）が生んだ長男義龍のほか、正室小見の方との間に天文5年生まれの桔梗（帰蝶）を長女とし、6人の女子、2人の男子がいたとしている。稲葉一鉄は土岐家の重臣であり、その姉が頼芸の愛妾とは納得しがたい。それに、道三が33歳で深芳野と初婚というのも納得しがたい。20代で結婚した正室がいたはずである。小見の方は後室であったとみるべきであろう。『諸

家系譜』は採用し難い部分もある（注3）。

2人の結婚については、天文17年説と18年説がある。『諸旧記』は天文18年としており、信長15歳、帰蝶14歳であったことになる。『諸家系譜』によれば、帰蝶13歳であったことになる。

NHK大河ドラマ「麒麟がくる」では、越前に出国していた土岐頼武の嫡子頼純（大桑城主）に嫁いでいた帰蝶が、天文16年11月に頼純が没したため未亡人となっていて、信長に嫁いだとしている。これは、横山住雄著『斎藤道三』（注4）によったとみられる。とすると、道三と頼純が講和した天文15年、帰蝶が11〜12歳の時、頼純に嫁いだこととなる。

もう一人、土岐頼芸の弟頼香の妻に道三の娘がいた。それはだれかと考えると、道三には小見の方を後室として迎える前に20代で結婚した正室がいて、この前妻との間に複数の女子をもうけて、土岐家との姻戚関係を結んだとみるべきではないか。不合理な点が見られる『諸家系譜』に頼り過ぎない方がよいと思う。

帰蝶の誕生は、信長との結婚を見る時、1年早い天文4年の方がよいのではなかろうか。結婚については、天文17年に道三と信秀の講和条件として婚約したのであって、輿入れは翌18年であったであろう（注5）。

二、大うつけ姿をしていたわけ

天文22（1553）年閏1月、傅役(ふやく)平手政秀が諫死(かんし)した。信長の立ち居振る舞いを自らの死をもっていさめたとされる。信長は4月に尾張聖徳寺で斎藤道三と会見しているが、信長はうつけ姿のまま現れた。その理由について、「目立ちたかったから」とか、「うつけのふりをしていた」などと言われている。『信長公記』にこのような記述がある。

其の頃に御形儀、明衣の袖をはずし、半袴、ひうち袋、色々余多付けさせられ、御髪はちゃせんに、くれない糸・もえぎ糸にて巻立てゆわえられ、大刀朱ざやをささせられ、

町を御通りの時、人目をも御憚りなく、くり・柿は申すに及ばず瓜をかぶりくひになされ、町中にて立ちながら餅をまひり、人により懸かり、人の肩につらさがりてよりそとには御ありきなく候

その頃は世間公道なり折節にて候間、大うつけとより外に申さず候

まず、服装を見よう。動きやすい服装に火打ち石を入れた袋、腰の辺りにいろいろぶら下げていた。その「色々付けた」中に、水を入れたひょうたん、餅やいり豆などの非常食を入れる袋、鈴もあったという。野戦時に必要なものを身に着けていて、野戦訓練用の服装をしていたとみれば、とても合理的と言えよう。

「うつけ」姿をしていたのは天文15年に12歳で元服した頃から、天文22年に尾張聖徳寺で道三と会見をする頃まで、すなわち19歳頃まででであろう。父信秀によって尾張統一の基礎は出来上がっていたが、尾張国内には庶兄津田信広、弟織田信行、岩倉城主織田信安ら信長にとって代わろうとする勢力がいて、警戒を要していた。その当時の信長を取り巻く環境が、信長に「うつけ」姿をさせていた。

尾張冨田での会見前に、斎藤道三が途中の小屋からひそかに信長一行を見た時の様子はというと、信長の出で立ちは、まさにうつけ姿であったが、付き従う者たちはよろい姿に三間半の長やり隊、弓隊に300丁の鉄砲隊、合わせて700、800人と、一分の隙もなかった。寺での会見時には髪を正しく結い直し、

腰には小刀を差し、正装して、対等に問答し、道三の方が意表を突かれて、押されっぱなしだったという。

信長は戦時に備えて鉄砲の撃ち方の訓練などをする一方で、和歌、蹴鞠(けまり)なども学んでいた。信長と帰蝶の結婚を信秀に勧めたのは、傅役平手政秀であった。その政秀の諫死は信長にとって痛手で、後に、政秀の菩提を弔う政秀寺（名古屋市）を建立している。うつけ姿も、冨田での会見の頃まででであろう。

信長は弘治元（1555）年4月に清洲城を奪取し、居城とする。弘治2年8月に弟信行が斎藤義龍と連携し、清洲城奪取を企て戦いを挑む。翌弘治3年11月、信行が守護代織田信安と謀って再び反撃。信長が信行を謀殺する。永禄2（1559）年、岩倉城を落とし、織田信安を追放。永禄3年、桶狭間で今川義元を滅ぼす。このように合戦が続く日常では、警戒のためだったうつけ姿どころではなかった。将兵共に本番に備え日々抜かりなく訓練を重ねていたことが、それらの勝利からうかがわれよう。

三、美濃征服の手立てと時期

信長の美濃征服の時期については、永禄7（1564）年と同10年の両説があった。現在は、「永禄10年説」が通説化している。「7年説」は江戸時代の史書や文献に、「永禄七年稲葉山落城」などと書かれていることが基となっている。信長が美濃征服に際してどのような過程を経たのかを見つめれば、おのずからどちらが納得のいく説か分かるはずである。

永禄3年から同9年までの間に信長は、美濃の諸城を陥とし龍興の手足をもぎ取るが、龍興はなお勢力を保持していた。

信長は手始めに斎藤道三の娘をめとって美濃に接近し、その後、美濃の国主的地位にあった道三の息子義龍と戦い、その所領を入手することから始めた。義龍が没すると、その息子龍興が治める美濃各地に侵攻した。

永禄3年から同9年までの間、義龍、そして義龍亡き跡を継いだ龍興の支配下にある美濃国へ幾度も侵攻していて、敗退する時もあれば、かなり内部まで進軍し、龍興配下の武将を味方に付け、分国化もしている。その様子は、東濃、中濃、西濃にわたっている。地名を挙げれば、恵那郡苗木、同郡岩村、加茂郡勝山、武儀郡加治田、各務郡鵜沼、安八郡墨俣、池田郡市橋、石津郡駒野、大野郡徳山などである。龍興の手足を次々にもぎ取っている。

永禄8年3月から同9年6月、足利義昭が尾濃の和睦を勧め、参洛を再三呼び掛けている。すなわち、濃州国主斎藤龍興は東濃、中濃、西濃に踏み込まれて、手足となる配下の武将たちを失いながらも、勢力をまだ保持していた。

永禄9年閏8月に信長は木曽川を渡り、河野島方面へ大軍を進めたが、龍興軍の堅い守りと洪水により、敗退せざるを得なかった。このように、いまだ龍興は勢力を保持していたのであり、「7年説」は考えられない。

永禄10年、龍興を追放し、岐阜入城を果たした。

春、北伊勢攻略を滝川一益に命じた。5月には、娘五徳（徳姫）を徳川家康の嫡男信康に嫁がせた。8月になると、美濃斎藤氏を支えていた老臣稲葉良通、氏家卜全、安藤守就が信長に投降した。この3人は「西美濃三人衆」と呼ばれ、長良川以西の諸武将の上に立つ存在で、信長にとって怖い者はいなくなった。信長は稲葉山城を落とし、城下井口の呼称を岐阜と改めた。

永禄10年9月~12月、周辺の寺院・神社の既得権と治安の保証である禁制や制札、武将の所領安堵状が、信長によって集中的に発行された。発行先は次のようである。

永禄十年		※典拠史料
九月十日	北加納宛禁制書状写　井口総郭前の治安	棚橋文書
九月	北加納宛掟書(制札)北加納浄泉坊治安	円徳寺
九月	崇福寺宛禁制判物　長良福光	崇福寺
九月	多芸庄椿郷宛禁制判物伊勢神宮領椿郷	神宮文庫
九月	郡上八幡城主遠藤六郎左衛門尉宛知行安堵書状	大和町
十月十日	千手堂宛禁制　厚見郡鳥屋村	善福寺
十月十日	楽市場宛掟書　井口総郭南前無縁所	円徳寺
十月十日	美江寺宛禁制　厚見郡今泉村常在寺	美江寺
十月十日	武芸八幡宮宛社領安堵判物	八幡神社
十月十一日	手力寺宛禁制判物　各務郡那加	手力雄神社

十月十一日　円鏡寺宛判物　北方町　既得権保護　円鏡寺
十月十一日　高木貞久宛知行安堵書状　駒野城主　高木家文書
十月十一日　矢野弥左衛門宛朱印状　葉栗郡河野　尊経閣文書
十月十二月　丸毛不心齋宛禁制　多芸郡大塚城主　吉田文書
十月十二日　長谷川三郎兵衛宛朱印状榑木座支配権　長谷川文書
十月十二日　阿願寺宛寺領安堵朱印状　厚見郡東島　阿願寺

（注6）

以上のように、信長によって短期間のうちに出された多数の発行物が伝存していて、永禄10年9月初旬、美濃国の岐阜を中心に、郡上、養老、南濃辺りに信長の支配が明示される出来事や戦争があり、信長の美濃攻略が達成されたことが分かる。

信長の美濃征服の報が伝わると、正親町天皇などから祝状が届くようになる。

永禄十年十一月　正親町天皇決勝綸旨（りんじ）　立入宗継文書
同年同月　万里小路大納言祝状　勧修寺文書

立入宗継文書は、次のようである。

今度国々属本意由、武勇之長上、天道之感応、古今無双之名将、弥可被乗勝之条、為勿論、就中両国御料、且被出御目録之条、厳重被申付者、可為神妙之由、綸命如此、悉之、以状、

永禄十年十一月九日　　右中辨（花押）

（信長）　　晴豊

織田尾張守殿

（『岐阜県史史料編古代中世四』所収）

このたびの戦勝に祝意を述べ、両国（美濃、尾張）の皇室御料の回復を求めている。勧修寺文書も、ほぼ同意文で、綸旨を補説している。こうして、「10年説」は揺るぎないものとなっている（注7）。

「7年説」は、主に江戸時代の歴史編さん物の多くが7年としていることから

出てきたが、編さん物は江戸初期の物を引き継いでいることから、多くの編さん物が踏襲することによるものであり、初期より以降のものは一切排除して論じることとしよう。7年説では次のような史料が出てくる。

永禄七年九月十五日　明智光秀・丹羽長秀連署書状　常在寺文書

「常在寺古来証文之写拾七通」と題のついた巻物で、江戸時代のかなり時代の下った頃に作成されたもので、中身も「境内武士不可有居住」など不適切な文もあり、信ぴょう性を欠く内容文言が並んでいて、論拠にはなりにくい。

永禄八年九月三日　坪内喜太郎宛信長書状写　坪内文書

内容的には良いが、当時坪内氏は尾張国葉栗郡松倉城主であり、尾張国内のことが書かれており、文中の「分国」が美濃国でありようがない。天正14（1586）年前後の木曽川大洪水で、葉栗郡と中島郡の中央に新河道ができて以後、両郡の美濃側が美濃国へ編入されるのであって、7年説はその理解がないまま論じている。

永禄九年十月廿日　篠田新左衛門宛佐渡守・修理進連署書状　梶田文書

土岐琴川著『稿本美濃誌』に梶田文書として収載されているが、その原文書の所在は不明で、今日誰も目にしていない。文中に「其村百姓」とあるが、どこかは不明であり、もちろん篠田新左衛門がどこの人物かも不明である。文中の差出人の一人「修理進」は「修理亮」の間違いであろうが、誰か不明である。原文も確認できないものを論拠とすること自体おかしい（注8）。

四、「天下布武」印使用の意図

永禄10（1567）年9月に美濃征服を完遂した直後の同11月、信長は「天下布武」朱印状を出し始める。その意図は、天下とは日本国中を指し、全国を武力でもって支配する、すなわち武士が全国統一を行うことを宣言することにあった、とするのが通説であった。

ところが、近年、尾張と美濃の2国を支配下に置いただけで、全国統一の意思を表明したのはおかしい、

天下布武印

「天下布武」とは「幕府が畿内＝天下を治める」という信長の願いの表明であろうという説が出てきた。実際に永禄11年7月、義昭を越前から岐阜へ招き、同9月に義昭を奉じて上洛し、義昭を将軍職に就けている（注9）。

その新説を、ここでは「将軍天下説」としよう。その天下とは、将軍が支配すべき畿内であり、布武とはその天下＝畿内を「静謐（ひつ）」にすることであったという。確かに、「武」の字は、戈（ほこ、武器）の使用を「止」めるとの意であり、武器＝武力を使用しない平和な世を作り出すことである。信長の意図は幕府を再興して、将軍の支配下の平和＝「静謐」な畿内をつくることであったとすると、永禄10年岐阜入城後の信長の行動は理にかなっている。

将軍天下説は十分成立し得るが、信長が将軍義昭と決別した天正元（1573）年以降、全国を分国化すべく諸戦を幅広く展開し、それを成功させていく過程に入る頃には、さすがに天下（全国）統一を目指していたと言えよう。天正元年7月、槇島城に立てこもった義昭を囲み、義昭を西国へ追放して以降は、天下布武は文字通り、信長にとっての「天下布武」となったとみるべきであろう。

ところが、「天下布武」の解釈について、「天下静謐」は天皇、朝廷を守護する意図であったのだろうという説がある。「天皇天下説」である。元亀4（天正改元・1573）年、将軍を京から追放するが、それは将軍、幕府が行うべき天皇と朝廷を守護し、京都と畿内の静謐を果たすことを、義昭が一向に実行しないので、代わって幕府の機能実現を目指そうとした意図であったとする説である。

確かに、信長は正親町天皇の勅旨を受けて、御所の修復と御料や公卿の所領回復に努めており、天皇や朝廷をおろそかにすることはなかった。天皇、朝廷を頂き、お守りするのは、室町時代にあっては将軍、幕府であったが、その将軍と幕府が弱体化し、機能しなくなったから、信長自身が代わって武家政権を構築して、天皇と朝廷を守ろうとしたと見る論である。

「鞆幕府」説の登場

ここで、将軍義昭が備後の国鞆（現広島県福山市）に亡命政権を樹立したという「鞆幕府」説を注視しよう。義昭は京を追放された後、各所を巡り天正4年、毛利氏支配下の備後国鞆の浦へ亡命した。鞆の浦では各所に御所を持ち、真木島昭光をはじめとする近臣、それに毛利氏をはじめとする大名、奉行衆、奉公衆に支えられて健在であった。毛利氏にとって、義昭を受け入れることは信長に敵対することであり、迷惑者の到来であったが、天正4年5月、外交方針を転換して信長に敵対することとした。

義昭は毛利輝元を副将軍に任じ、毛利氏重臣層を御供衆に加え、毛利氏の軍隊を公儀軍の中核に位置付けた。毛利輝元の庇護(ひご)を願って亡命したのではなく、毛利氏の協力を得て将軍権力を発揮し、諸大名を指揮し、幕府機能を果たそうとしていた。

三重大学の藤田達生教授は、これを「鞆幕府」と称した。成立は天正4年で、同8年閏3月の大坂本願寺と信長の和睦までは、信長の安土幕府との並立時代とされている。天正10年6月、明智光秀とも関係性を保っていたが、本能寺の変後の光秀敗死、秀吉政権誕生で衰微することとなったと論じられている(注10)。

この間、「鞆公方」(将軍)の存在と動向は、諸大名の発行する文書に登場し、信長もその存在を意識し、一時は毛利氏と和睦し、鞆公方との共存共生を考え、対応策を打っていたとされている。天正15年7月、細川藤孝は鞆の浦から少し離れた津之郷御所で義昭と面談しており、鞆の浦御所も確保されていたとみられている。

鞆幕府論は義昭と義昭を利用する毛利氏や西国大名らの反信長勢力による権力機構の存在を認めようとするものだが、本来の幕府機能を発揮するものではなかった。

一方の信長は全国を支配下に置くべく軍事行動を継続していて、将軍に代わって天皇を守護しつつ、全国の武士を統率する地歩を固めようとしていた。その一つが各地の検地、ないしは領地規模や実勢を明示する差出（さしだし）の提出である。全国の大名に対して知行制を敷くために、知行高を把握する必要があったからである。

それは、信長の後に天下統一を果たした豊臣政権によって、天正17から18年に実行された天正検地（太閤検地）で実現し、徳川政権下幕藩体制整備の基礎が形成されることになるのである。

五、楽市楽座政策の打ち出し

信長は永禄10（1567）年9月、美濃征服と岐阜入城を果たした。その直後の10月10日、井口総郭南前に存在した楽市場に対し、治安と現状（既得権）を保障する掟書を発行した。

定　　　　　　楽市場

一　当市場越居候者、分国往来不可有煩、并借銭・借米・地子・諸役令免許訖、
　　雖為譜代相伝之者、不可有違乱之事

一　不可押買・狼藉・喧嘩・口論事

一　不可理不尽之使入、執宿非分不可懸申事

右之条々、於違犯之輩者、速可処厳科者也、

仍下知如件、

永禄十年十月　日　　　　（信長）

　　　　　　　　　　　　（花押）

（岐阜市　円徳寺蔵、注11）

板に書かれた制札である。第1項目はこの楽市場の既得権である。借銭・借米ある者は、ここにいる限り追及されない。逃げ込んできた下人など譜代の者は、元の主人が探しにきても戻ることはない。また、ここは地子（地借代）や諸役は

免除される市場、いわば無縁所・無法地帯で、大変なにぎわいだった（繁華街状態）。こうした楽市場は、斎藤道三かその親長井新左衛門尉時代に成立したであろうと見られている。信長は岐阜入城を果たすと、この経済特区の現状を保証した。岐阜城の総郭南前の繁華街を保護したのである。これを「楽市楽座」制札と称す人がいるが、楽座は入っていない。浄土真宗の浄泉坊境内にあった「楽市場」という無縁所の既得権を認め、保護したということである。

それが、ほぼ1年後の永禄11年9月、信長は、「楽市楽座」条項を入れた制札を発行した。

定　　　　　　加納

一　当市場越居之輩、分国往来有べからず、并借銭・借米・さかり銭（未払い金）・敷地年貢・門なみ諸役免許せしめ訖、譜代相伝の者たりといふとも、違乱すべからざる事

一　楽市・楽座之上、諸商売すべき事

一　をしかひ・狼藉・喧嘩・口論・使入べからず、并宿をとり非分

右条々、於違背之族者、可加成敗者也、依下知如件、

永禄十一年九月　　　　（信長）
　　　　　　　　　　　（花押）
　　　　　　　　　　（岐阜市　円徳寺蔵、注12）

楽市場の所在地は厚見郡上（北か）加納の浄泉坊境内であった。永禄11年に出された制札は内容から見て、同地域に出された制札であろう。第1項と第3項は前年の楽市場宛制札を受けた内容であるが、11年の第2項は「楽市・楽座」を明示しており、10年10月の楽市場の既得権を承認、保護した制札とは、大きく性格が違うものを発行したのである。

ここに、「楽市楽座」という経済政策が打ち出されている。座というのは、商工業者の場合、材木座、薪座、紙座、鉄座など特権商人の組合であり、その地方においてはその座員でない者は商いをすることができなかった。

永禄10年の岐阜入城時はまず、その地の商工業者について、既得権の保障をしたものと思われる。新支配地において、現状を認めることが支配の定着に好都合

だったからである。岐阜入城をした際、城や館の改修と新築、城下町の整備などにおいて、現地の商工業者の営業力を利用しなければ進展しないからである。

永禄11年9月の「楽市楽座」令の挿入は、支配地岐阜の城下町整備や統治が安定したことによるだろう。さらに安定すると、商工業者から商売役銭を納入させるようになる。

永禄11年9月に加納の地に「楽市楽座」令を出したが、それは「加納」という限定された範囲であって、支配、統治に必要な座はそのまま保護し、役銭の納入や統治に必要な物の納入を求めたとみられる。「楽座」は座の撤廃ではなかった。信長がこの時期に座に出した朱印状、判物などを見よう。

永禄十一年十月　洛中四座宛判物（小舎人・雑色衆・南方・北方座宛）吉田文書

同十二年八月　塩座衆等宛今井宗久奉書案　今井宗久書札留

同十二年十一月　美濃国鉄座人中宛朱印状　玉井直文書

元亀二（1571）年七月　関鍛冶兼常宛安堵朱印状　武藤助右衛門文書（注13）

いずれも、「先規のごとく、地子・并諸役・諸公事を御免許之由」と、その権益を保障するものであった。すなわち、信長の政策は地方の特定区の経済繁栄のため、商業の自由化としての楽座を打ち出したが、一方では、その土地の座の一時的振興を図るものであったと言えよう。天正5（1577）年の安土城下の楽市楽座令も、安土地方の城下町の振興や定住促進を図る時限的な法令であった（注14）。

六、信長と義昭との関係、そして決裂

永禄11（1568）年9月、信長は尾張、美濃、伊勢、三河の軍勢を率い、義昭を奉じて上洛に成功した。その翌10月、義昭は征夷大将軍に任官された。義昭の将軍職就任の陰に、信長の働きがあったことは言うまでもない。将軍義昭は信長に副将軍に就くことを勧めたが、信長は固辞した。

なぜ信長は副将軍職就任を固辞したか。信長は副将軍として、義昭配下の従臣になるつもりはなかった。義昭が旧来の因習を打破して、天皇と朝廷を守護し、多くの武家から尊敬を集め得るかを、監察する立場をとった。政治の実権は信長が握っていたのである。

永禄12年1月14日 信長は義昭に殿中掟を送る

永禄12年1月5日、三好三人衆らが京都本圀寺にいた義昭を囲み、攻撃する。その報に、信長は岐阜から駆け付け、10日には京に着き、三好三人衆を淡路に退かせた。三人衆を援助した堺の三十六人衆の罪を問い、2万貫を徴収した。義昭に対しては、京都二条に新邸を造営することを始めるとともに、正月14日に「殿中掟」を定め、義昭に渡した。義昭が独断で政治活動を始めていたので、それを抑制する必要からである。「殿中掟」は9カ条と追加7カ条から成る。将軍義昭が策定した形を取っているが、信長が策定したものである。特に、追加の7カ条は、将軍職に就いて2カ月ほどの義昭の施政を危ぶんでいたことを示している（注15）。

追加7カ条

一、寺社本所領・当知行之地、無謂横領之儀、堅停止事

一、請取沙汰停止事（将軍に代わって執行してはならない）

一、喧嘩口論之儀被停止訖、若違乱之輩者、任法度旨、可有御成敗事、付、
合力人同罪

一、理不尽入催促儀、堅停止事
一、直訴訟停止事
一、訴訟之輩在之者、以奉行人可致言上事
一、於当知行之地者、以請文上、可被成御下知事

幕府内部において、将軍がいるからといって勝手な裁断できないとするもので、追加第2条の「請取沙汰停止（将軍に代わって命令してはならない）」で、幕府の出す命令などは全て義昭が責任をもって出すものと限定した。幕府命令は義昭の責任において出すが、いろいろと制約があり、義昭自身も勝手に出すことができない。結果として、義昭の手足を束縛するものであった。

2月末には義昭は新邸に入ったが、その政治活動は信長が承認し難いものが多かったようである。永禄13年1月、信長は義昭に5カ条の条書を送り、いさめた。

永禄13（改元4月、元亀元）年1月23日　5カ条の条書を送る

条々

一、諸国へ以御内書被仰出子細有之者、信長に被仰聞、書状を可添申事

一、御下知之儀、皆以有御棄破、其上被成御思案、可被相定事

一、奉対公儀、忠節之輩ニ雖被加御恩賞・御褒美度候、領中等於無之ハ、信長分領之内を以ても、上意次第ニ申付事

一、天下之儀、何様ニも信長ニ被任置之上者、不寄誰々、不及得上意、分別次第、可為成敗之事

一、天下静謐之条、禁中之儀、毎事不可有御油断之事

已上

（信長）

永禄十参　正月廿三日　（朱印）

日乗上人

明智十兵衛尉殿

（成簣堂文庫蔵、注16）

第1条、「義昭が御内書をもって命令する時は、信長に命令してください。信長が書状を添えますから」というもので、義昭単独で出してはならないとしている。信長の副状（そえじょう）がなくてはならないということである。信長に相談なくして、全国の武家、寺社などへ勝手に指令することは許されないということで、義昭の権限は限定的なものであったのである。

第2条、「あなたが出した下知は全て破棄すること（無効）。その現実を考えて施政方針を定めなさい」

第3条、「将軍、幕府に対して忠節な者に恩賞や褒美を出したい時、領地がなければ、信長の領地を分与するので申し付けください」

第4条、「天下のことは何事も信長にお任せくだされば、上意（義昭）の意向を聞くまでもなく、自由に成敗します」

第5条、「天下は平穏になっていますが、天皇と朝廷について、どんな時でも油断があってはなりません」

この条書は、義昭が将軍として施政を開始したが、放置できない状況であったことから、義昭の権限を制約しようとしたものである。これによって、将軍義昭と信長は、それまでの蜜月関係から一挙に対立関係となった。

元亀3年、さらに17カ条の意見書を送る

5カ条の条書を送って1年半後の元亀3(1572)年9月、信長は義昭に「異見十七ヶ条」を送った。内容は詳細で具体的であった。そのいくつかを挙げよう。

第1条、御内裏(宮廷)を守護することを申し上げたのに、忘却して、務められないのは不謹慎です。前将軍義輝様は宮廷守護をされず、神仏の加護を受けられなかったことは承知のはずでしょう。

第2条、私の副状なしに諸国へ御内書を多く発給され、馬その他を所望されましたね。約束違反です。馬が欲しかったら、信長に申し付けくだされればよろしい。

第3条、諸大名のうち、将軍の出向に随行するなど忠義怠りない者には、相当の知行などを支給されるべきであるのにされないで、それほどでもない者に扶持(ふち)を加増されている。それでは忠義、不忠の区別が付きません。

第10条、元亀の年号を改元することは、天下のうわさになったので、宮廷から幕府（将軍義昭）に指令したのに、将軍は少額の費用を宮廷に献上しないため、実行されない。天下のためであるのに、実行されないのはいけない。

第13条、明智光秀が京都において地子銭（借地代）を（幕府）に納めておいて、買い物代銭用にと渡したのに、山門領分として押収されたことは不法です。

第16条、諸大名が武具、兵糧などの準備をせず、専ら金銀を商売しているとのうわさを知っている。牢人（ろうにん）した場合に備えてのことと思われる。これは、上様（義昭）が金銭を蓄積していて、不穏の場合は幕府を脱出する（幕府を捨てる）つもりだと、下層の者までうわさしています。身分高い人が自分を守りたいのは分かりますが、逃げ出す準備をしていると見られているのはどうしてでしょう（注17）。

このように、具体的に詳しく義昭の施政を批判し、いさめている。義昭は財力、軍事力両面で薄弱な基盤に乗っている幕府を強化したい。そのため、自分を支援してくれそうな者を優遇したり、金銭の収入を増やす手段を打とうとしていたが、義昭の処断に不満の者が信長に訴えるようになり、義昭が打ち出す幕府の商売、金銭徴収策が世間の不評を生んでいた。

また、10条では、改元は将軍が費用を出して取り組むことなのに、取り組まない。「天下」のためであり、禁中（皇居）において儀式が催されるのに、実行しないのはよくないと述べている。この「天下」とは何を指しているのか。天皇、朝廷を上にいただきつつ、政治を実行する中央政権のことと受け取れる。

この時点で、本来は義昭を将軍とする幕府が当事者であるのに、機能しないので、信長が実行している。すなわち、天下の施政は信長が実行していることを表明している。

七、決裂後の将軍義昭の存在の実態

義昭は将軍となり、幕府を開いたが、実権は大きく制約され、秘密裏にしか意図を実現できない状態に置かれた。抑圧からの脱却を図り、実権を握っている信長を排除する側に回り、次々に手を打つようになった。

年号	月	事項
1572（元亀3）年	5月	武田信玄と盟約を固くした。
	7月	上杉謙信に信玄と講和するように命じた。さらに、石山本願寺の顕如、浅井長政、朝倉義景、信玄と連絡を取り、反信長包囲網をつくる。
	9月	信長の17カ条の条書を受け取る。
1573（天正元）年	4月	信長への抗戦のため挙兵したが、頼りにしていた武田信玄が病死、一旦講和。
	7月	信長に向け再度挙兵したが、18日降伏する。顕如のあっせんで三好義継の居城河内若江に移った。毛利氏、顕如、上杉氏らに連絡し、幕府の復活の働き掛けを続行。
	11月	毛利氏の使者と信長の使者が会い、講和交渉をしたが、成就しなかった。
1575（天正3）年	11月	紀伊国日高郡由良の興国寺に移る。
1576（天正4）年		備後国鞆の浦（現広島県福山市）に移る。義昭を迎えた毛利氏は、反信長の方針に転じた。
1577（天正5）年	3月	上杉、本願寺、武田、北条氏間に和議が成立し、毛利氏は京に向け出兵する。義昭の努力がようやく結実するかにみえた。
1578（天正6）年		上杉謙信病死。毛利氏は中国地方で織田氏の攻勢を受け始める。
1580（天正8）年	3月	本願寺は信長と講和し、石山退去。義昭やむなく信長と講和。
1582（天正10）年	6月	本能寺の変後、毛利輝元に幕府復活に奔走するように依頼するが、輝元動かず。
1585（天正13）年		秀吉は義昭の猶子（ゆうし）となり、将軍就任を望んだが、義昭は拒否。
1588（天正16）年		帰京し、山城槇島に住む。出家し、昌山道休となる。秀吉から1万石を与えられる。

（吉川弘文館刊『国史大事典』足利義昭の項などによる）

信長は義昭を将軍に就け、京で義昭のために城館を造営したが、経済基盤形成への配慮はせず、その上、独断の政治行動を許さなかった。義昭は将軍になって、室町前期に行われたような将軍支配を期していたが、信長の制約を受けて実現に至らなかったことから、信長を排除する手配を次々に行うようになった。いずれも結実しなかったが、信長も将軍義昭を徹底して追いやることはしなかった。

秀吉が政権を掌握して踏み出す時、義昭の猶子になって将軍職の譲渡を望んだが、将軍義昭の存在が厳然としていてかなわないので、方針を変更し、朝廷における次のような地位に就くことで、政権を手中に収めている。

年号	月	事項
1585（天正13）年	3月	正二位内大臣。
	7月	従一位関白として多くの政策を実行。
1591（天正19）年	12月	関白の職をおいの秀次に譲り、太閤として実権を継承（注18）。

信長と同様に、まず内大臣として政権を握ろうとしたが、さらに上ることが難

しい関白、太閤の座を得て、多くの政策を実行した。

八、信長の政権構想は革新的だったか

日本の歴史上の人物で最も人気が高く、注視されている人物が織田信長であることに異論を差し挟む人はまれであろう。古いしがらみに縛られた中世社会の壁をぶち破り、新しい近世社会の幕開けを迎える基礎作業をしたということで、革新的な英雄の代表という認識が広がっていた（注19）。

ところが、近年の研究で、信長の革新性はそれほどでもなかった、革新的というよりも保守的な考え方の持ち主だった、というような見方が増えつつある。

信長は政権掌握に向けて、官位をどう進めたか。

年号	月	事項
1574（天正2）年	3月	従三位参議に。
1575（天正3）年	11月	従三位権大納言兼近衛大将に。
1576（天正4）年	11月	正三位内大臣に。
1577（天正5）年	11月	従二位右大臣に。

1581（天正9）年3月	正親町天皇は左大臣に任じようとしたが、誠仁親王（信長猶子）への譲位後に拝命する旨奉請。
1582（天正10）年5月	勅使から太政大臣か関白か征夷大将軍かのうち、どれに就きたいかという任官の選択を求められる。その答えをしないまま本能寺の変に遭い、自殺。

信長は天正3（1575）年11月からは織田内府、同4年からは織田右府として、政治を取り仕切っていた。天正10年4月の段階では武田勝頼も滅び、東国はほとんど信長になびくに至った。一方、西国については備前辺りまでで、それより西の諸大名は帰属させるに至っていなかった。西国の大名たちを従属させるには、まだ多くの軍事力の発揮、戦争を必要としていた。信長の打ち出した政策などについて、革新的であったかどうか検討しよう。

1、楽市・楽座令

信長は先記「五、楽市楽座政策の打ち出し」で見たように、岐阜入城を果たすと、岐阜の総構え南前の寺の境内に大変繁盛している「楽市場」があることに注目し、それを承認した。1年後には岐阜城下町の繁栄上、楽市に楽座を加えて「楽市・楽座令」とした。既存の制度を利用したもので、最初の開発者ではない。しかも、楽座は完全なものではなく、自由経済の発信者とまでは言い難い。しかし、楽市の繁栄に着眼し、利用しようとした点では、やはり先見性があったと言えよう。

2、関所撤廃

「楽市場定 制札」第1項に「当市場越居之者分国往還不可有煩」とし、以後の「楽市・楽座令」にも、それをたたえている。その「煩い」とは関銭の徴収である。信長は分国（支配が行き渡った地）となった国々には関所の撤廃を進め、その範囲は尾張、美濃、伊勢のほか、越前、甲斐、信濃へと及んだという（『信長公記』）。

年号	月	事項
1569（永禄12）年	10月	伊勢国内諸関廃止を命ず。
1577（天正5）年	6月	安土山下町中掟書の中に「国質・所質一切停止」。

しかし、「京都では、七口の関を廃絶せず、関所撤廃政策には一貫性がなかっ

た」といわれている。また、関銭徴収は「津、湊、宿、泊」など交通施設の整備上、必要な部分もあり、関銭撤廃にはそれに代わる管理組織や手当を設定すべきであり、革新的政策ばかりとは言えないとの意見も出ている（注20）。

しかし、「分国不可有煩」「国質・郷質・所質廃止」政策を次々に打っていることは、先見性があったとみたい。京都の場合は、天皇、宮廷の守護上まだ不安要素があったからとみる。

3、道路整備

信長は支配の及ぶ地域の道路の整備を行った。

年号	月	事項
1574（天正2）年	11月	尾張国中の道、橋、水道などの改修を命ず。「尾張篠岡八右衛門宛朱印状」（注20）。
	12月	「分国中に道を作るべき」と一斉に道路整備を発令。
1575（天正3）年	2月	信長分国中の道路改修、新道造営ほぼ完成。

（岡本良一編『織田信長のすべて』年表による）

この時、信長が整備した道幅は3間（5・5メートル）だったとされている。特に、近江を中心にして、美濃―京都間の東西交通路整備に力が注がれた。それは、本拠城として建設を進めていた安土城への移転が、翌天正4年2月であり、それに合わせようとしていたのであろう。この道路整備について、革新的とは言えない論拠がある。それは、分国の道路整備は他の大名もやっていること、信長は宿場の整備まで配慮していないことなどである（注21）。

ここで注目すべきは、信長の分国が増え、広域にわたっていたことであり、単に軍事上の目的だけでなく、商品流通路として、陸上に加え、河川、湖の交通整備をも進めていたことである。天下統一への道半ばで本能寺の変に遭遇し、目的遂行に至らなかったが、道路整備の面で全国へ手を伸ばそうとしていたとみられ、その革新性は否定し難い。

4、政・宗分離の宗教政策

信長が進める天下統一に大きく立ちはだかったのが、将軍義昭と本願寺の僧顕如であった。この両者が黒幕となって、朝倉、浅井、六角、武田、上杉などの諸将を巻き込んで、信長包囲網を構築していた。

　顕如率いる浄土真宗の一向一揆は、各地で信長と交戦した。それに、比叡山延暦寺は朝倉、浅井両氏と関係を持っていて、両氏の軍勢に味方する立場を崩さなかった。

年号	月	事項
1570（元亀元）年	4月	朝倉攻めのため越前に出兵するが、浅井の裏切りと六角の攻めを受け、京都へ退陣。この時、信長は比叡山延暦寺に対し、「味方できなければ全山悉く焼き討ちにする」と申し入れた。しかし、延暦寺は逆の立場をとった。
	9月	本願寺は摂津出陣中の信長軍を攻めた。朝倉は再び近江に出陣。信長は、比叡山の谷々を焼き払った。
	11月	長島の一向一揆は尾張に攻め入り、信長の弟信興を自殺せしめる。
1571（元亀2）年	正月	伊勢長島の一向一揆討伐戦で、柴田勝家が負傷、氏家卜全が戦死。
	9月	比叡山延暦寺を焼き討ちし、僧兵を多く殺す。
1572（元亀3）年	7月	分国中の一向宗徒の大坂往還を禁止する。
1573（天正元）年	2月	義昭は本願寺、朝倉、浅井、武田と連携し、信長打倒を謀る。
	4月	武田信玄が侵攻中の三河で病死。
	7月	槇島城の義昭を囲み、義昭を追放。
	8月	一乗谷を囲み、朝倉義景自殺。小谷城を囲み、浅井久政・長政父子自殺。
1574（天正2）年	9月	長島一向一揆を滅ぼす。

年	月	事項
1575（天正3）年	8月	越前一向一揆を滅ぼす。
1576（天正4）年	4～7月	石山本願寺と対戦。毛利水軍、摂津木津川で織田水軍を破り、本願寺に兵糧補給。
1577（天正5）年	2月	本願寺に味方する紀州の根来、雑賀一揆を討つ。
1578（天正6）年	10月	摂津有岡城主の荒木村重が本願寺、義昭に通じ、信長に背く。
	11月	信長勢の九鬼嘉隆、木津川口で毛利水軍を破る。
1579（天正7）年	5月	浄土宗と法華宗に宗論をさせる。屈服した法華宗から誓詞をとる。
	11月	村重が有岡城を脱出、逃亡。
1580（天正8）年	閏3月	信長は本願寺と講和。イエズス会宣教師のオルガンチノに安土城下の土地を与え、教会堂建設を許可。
	8月	石山本願寺焼却。

（主に岡本良一編『織田信長のすべて』の年表による）

以上の流れから、信長は宗教が政治の世界に介入するのを許さなかった。政・宗分離の政治方針である。政治に関与しない宗派には保護を加えている。敵対した天台宗は、全国でその寺領を剥奪された。

信長は伊勢神宮をはじめ、各地の神社を保護した。政治と宗教の分離を明確に打ち出した信長には、西欧の近代国家にも通じる先見性があったとみる。

キリスト教については、それがもたらす文化に注目し、普及を許した。天正7

年、キリスト教を強く排斥する法華宗と浄土真宗とに宗論を戦わせ、負けた法華宗に誓約書を出させている。信長がキリシタンの布教を許可、保護したのは、仏教勢力を抑制する意図があったともいわれている。当時の仏教界は、比叡山延暦寺をはじめ、本来の仏陀（ぶっだ）の教えからかけ離れて、金銭欲などで堕落していた面があり、信長は鉄槌を下したい思いにかられていたことであろう。

なお、信長自身、安土城の登り口に大寺総見寺を建立している。

5、検地の実施、耕作農民の掌握に向けて

中世社会から近世社会への進展は、天正検地が起因となったとする論者が多い。検地により、土地と耕作農民の実態が掌握できる。豊臣秀吉が天正17から18年に全国において実施した天正検地（太閤検地）のモデルとなったのが、信長が各地で実施していた検地、あるいは「指出（差出）」である。「指出」はその土地の知行権を持つ者に、土地の広さや百姓の人数を出させ、大名、武家、寺社の所領配置の基礎にしようとするものである（注22）。

年号	月	事項
1568（永禄11）年	10月以降	近江国の指出を命ず。
1569（永禄12）年	10月	伊勢国検地。
1575（天正3〜4）年		大和国の指出を徴す。
1577（天正5）年	5月	山城の去年の大和指出の隠田検地。
1580（天正8）年	9月	大和の指出を命ず。この年摂津検地。
1581（天正9）年	3月	丹後国中の指出を命ず。

（岡本良一編『織田信長のすべて』の年表による）

この指出の要求は秀吉が引き継ぎ、天正10年11月、本能寺の変、山崎合戦後、山城国指出を行っている。荘園体制が行き渡っていた畿内に対し、天正3年から8年に大和、翌9年に丹後、10年には山城にと、指出が要求されたのである。山城指出については、天正3年から4年にかけて行われたが、同5年には隠田検地を行い、同8年には、さらに念押しの指出提出を求めたのである。寺社領が広範に農村に食い込んでいて、指出を困難にしていた。特に、寺院は寺領である荘園支配の継続を大名らに願い出て、その保持に奔走していたこともあった。

信長は、土地と農民を一体化して把握しようとしたが、荘園体制の下にあった寺社の抵抗が大きかった。特に、本願寺支配下の村々は団結していて、把握することを困難にしていた。そうした困難を乗り越えて指出を求め、一部検地を実行したことで、中世の荘園領主的土地所有を解体し、近世の幕藩体制成立の基礎づくりをしようとしたところに、革新性があったとみる。

6、信長の政権の性格

永禄12（1569）年、岐阜在城の信長を訪ねたキリスト教宣教師フロイスは、まず、山麓の4階建ての御殿を案内され、翌日に山頂の城（櫓（やぐら））へ案内され、食事のもてなしを受けた。そのときの記録（注『日本史』）によれば、山麓の御殿（居館）は天主、山頂の城は天守と命名されていたという。山麓の天主の最上4階は、中国の歴史画を描いた金碧（きんぺき）障壁画で飾られ、入室する者は限定されていたようである。

このことは、後に築城した安土城（天正7年完成）の最上部四角の段（6階）、八角の段（5階）と共通している。安土城は当時の文化の総結集であり、信長の思想を具現したものであった。特に、5階の八角の段には釈門十大弟子・釈尊成道説法図などが極彩色で描かれ、仏教世界が描かれていた。3間四方の最上階は豪壮華麗な意匠で、金閣寺のようにまばゆい部屋で、中国創世記の帝王、それに老子と孔子の像が描かれ、道教や儒教の思想が示されていた。

信長は神道、仏教、道教、儒教を合わせた天道思想の持ち主として、その思想を具現した世界を5、6階で表現しようとしたといわれている（注23）。

信長は岐阜入城を果たした時点から「天下布武」朱印を使い、天下布武については、先述したような新説も出されているが、天下統一、天下静謐を目指し、それを実現する王（神）としての自負心を抱いていたと見るのが自然だろう。

日本の国を治めてきた天皇、皇室、朝廷の守護役を果たすべく将軍の役割をする一方、全国の大名、武家の総指揮役として行動していたが、宣教師たちには「予が国王であり、内裏である」と述べている、天皇、朝廷は尊重するが、全国を治めるのは武家の頂点に立つ自分である。軍事力を持ち、それを発揮できる自分が国王である、という認識であったとみられる、室町幕府の3代足利義満も、明との国交が開くと、明帝から「日本国王」と呼ばれていたのを否定することはなかった。

天正10年4月、武田氏を滅ぼし、東国に信長になびかない大名がいなくなった時点で、「正親町天皇は信長に、「太政大臣、関白、征夷大将軍のどれかに任じたいが、希望を聞きたい」として、勅使を安土に派遣した。5月に勅使に会ったが、信長は答えなかった。右大臣にはなっていたが、永禄9年3月、正親町天皇から左大臣に任ずるとされた時には、誠仁親王への譲位後に拝命すると答え、受けなかった。

本能寺の変に遭遇する前の永禄10年5月、信長が上洛したのは、その返答をするためではなかったかとみられている。その返答として、「征夷大将軍」を求めていたという意見もある（注24）。この意見に賛同する。

その理由としては、誠仁親王の念（勅旨）押しの副書があったことが挙げられる。さらに、天皇、朝廷との関係では、いまだ西国平定の半ばであり、自分が将軍職に就けば、いまだ将軍職を継承し、毛利氏などと行動している義昭に対し、朝廷から明確に交代が示されることになるからである。

征夷大将軍というのは朝廷から任じられる役職の一つであり、天下統一の過程では受けるが、統一が完結すれば形だけで、実質必要性はないものである。既に、自分は天下統一の事業推進の過程で各国を平定し、大名の配置と任免を行ってきたのであり、政治の実権を持つ国王は自分自身である、との認識であったとみるべきであろう。

平安時代までは、朝廷が各国の国司任免を担っていた。鎌倉時代は執権北条氏が各国各地の守護・地頭の任免権を持ち、室町時代は足利将軍の幕府がその権限を持っていた。信長は足利将軍に代わって、全国の大名、武家の知行決定権を掌握しようとしていた。

天皇と朝廷に対しては守護し、経済的支援はするが、その位置付けは決めていなかった。天皇、皇室、朝廷関係者は、それまでの皇室領・荘園体制に乗っている。信長はそれを否定するのではなく、保護しており、改変するに至っていない。保護はするが、実権は持たせない姿勢は、室町幕府時代と変わらず、「保守」と評価されてもしかたない。しかし、指出と検地の全国的な実施の末には、近世的な処置、即ち、石高制による所領配分をするつもりであったに違いない。

後に、徳川家康が将軍となり、幕府を開設し、大名たちの任免と配置を行って幕藩体制を成立させたが、信長はそれに近い政権形態の形成に向かっていた。徳川幕府の幕藩体制では、天皇、皇室、公家衆で構成する朝廷は、居住空間を御所とその周辺に限定され、全体で小大名格のわずか3万石程度の知行団体とされていた。

おわりに

「信長の謎」のいくつかを究明したいとしたが、織田信長に関する諸研究があまりに多く、その研究成果を整理し切れないという思いのみが募る結果となった。それにしても、信長研究は興趣深く、研究者諸氏の研究成果や見方、判断を追跡する入り口に立った感がする。

なお、信長の取り組みが「革新」から「保守」へと評価が変わりつつあるという点については、全国統一の過程上、旧来の状況に妥協しつつ(「保守」)、次第に「革新」に向かおうとしていた点をいくつか確認できたと考える。即ち、信長にとって「保守」は、「革新」のための手段であった、と見る。

織田信長注記

注1　今谷明著『室町幕府解体過程の研究』（1985年岩波書店刊）。

注2　東京大学史料編纂所蔵『美濃国諸家系譜─斎藤一流外』（田中豊刊）、以下『諸家系譜』。

注3　『諸家系譜』の「斎藤道三系図」では、道三は一代で美濃国主になったとしているなど、採用し難い部分も見られる。

注4　横山住雄著『斎藤道三』（1994年濃尾歴史研究所刊）。

注5　丸山幸太郎著「斎藤道三・明智光秀の生涯と謎1」『地域文化研究第三七号』（2020年岐阜女子大学地域文化研究所刊）所収。

注6　『岐阜県史史料編古代中世二』（1969年岐阜県刊）所収各家文書。

注7　戦国史研究で、脇田晴子、今谷明、堀新らによって、織田信長上洛と正親町天皇の決勝論旨の関係解釈を巡り、論戦が展開された。丸山幸太郎著「信長美濃征服時期の史料吟味」『岐阜史学第八七号』（1994年岐阜史学会刊）所収。

注8　同右の丸山幸太郎著「信長美濃征服時期の史料吟味」において、勝村公の「織田信長の

稲葉山城永禄一〇年攻略説を糺す」に使用された史料、それ以前の郷浩他の7年説に使用された史料を併せて吟味した。

注9　秦野裕介著「足利将軍家に対する信長の意外な忠誠」渡邊大門編『虚像の織田信長』（2020年柏書房刊）所収。信長の天下布武の天下とは、将軍（義昭）にとっての天下であるとする。

注10　藤田達生著「鞆幕府論」『芸備地方史研究二六七号』（2010年刊）所収。「足利義輝や義昭の幕府の現実的な力量とその限界に切り込んだ」として、山田康弘の研究を評価しつつ、「戦国期の将軍は亡命を繰り返しながらも、決して存在を否定されるようなものではなく」としている。

注11　『岐阜県史史料編古代中世一』（1969年刊）所収岐阜市円徳寺文書。

注12　同右所収円徳寺文書。

注13　四つの文書の出展は順に、奥野高廣著『増訂織田信長文書の研究　補遺』（1994年吉川弘文館刊）所収12号吉田文書。奥野高廣著『増訂織田信長文書の研究　上巻』（1994年吉川弘文館刊）所収193号今井宗久書札留。『岐阜県史古代中世史料編補遺』（1999年刊）所収玉井直文書。前出『信長文書の研究　上巻』所収291号武藤助右衛門文書。

注14　廣田浩治著「信長の経済政策の革新と保守」前出『虚像の織田信長』所収。

注15　前出『信長文書の研究　上巻』所収142号「室町幕府殿中掟」仁和寺文書90。

注16　前出『信長文書の研究　上巻』所収209号「足利義昭・織田信長条書」。

注17　前出『信長文書の研究　上巻』所収340号「義昭宛異見書」。

注18　太閤とは太政大臣の敬称。あるいは関白職を譲った人の敬称。特に、豊臣秀吉を称した。

注19　前出『虚像の織田信長』所収廣田浩治著「信長の経済政策の革新と保守」、秦野裕介著「第二章　実は信頼関係で結ばれていた信長と天皇」。

注20　前出『信長文書の研究　上巻』所収486号「尾張篠岡八右衛門等宛朱印状」に、「尾張国中之道之事、年中に三ケ度改可築」としている。

注21　前出『虚像の織田信長』所収廣田浩治著「信長の経済政策の革新と保守」の中の「信長の道路整備と交通網」。

注22　安良城盛昭著『幕藩体制社会の成立と構造』（1959年お茶の水書房刊）ほか。

注23　内藤昌著「安土御構―新しい王城楽土」『太陽一七八号』（1978年刊）所収。

注24　小和田哲男著『国際情報人　信長』（1991年集英社刊）の「信長の見果てぬ夢―信長の日本国構想」。

第四章

古田織部の

はじめに

戦国末期から江戸初期にかけて名を上げた、美濃国出身またはゆかりの武将のうち、斎藤道三、明智光秀、織田信長を取り上げ、その生涯と謎について探索をしてきた（注1）。それに加えて、古田織部を取り上げる。その理由として、巻頭で述べたように時代に先駆けた生き方を示し、その生き方が貫徹する前に非業の死を遂げたという、前述の3人との共通点があることである。

古田織部については、平成6（1994）年11月、それまでの調査を総括して、『安土・桃山の茶匠古田織部』を出版した。それから27年が経過する中で、古田織部に関する答え難い質問や新たな見方、事跡などの情報を得た。よって、それらを含めて、織部の生涯の謎を次のように設定し、探索する。

一、古田織部という人物の呼び名の出どころは。
二、その生誕はいつ、どこであるのか。
三、古田織部氏の系譜で比較的良質なものは。

四、織田信長に従った時期は。
五、3人の天下人にどう仕えたか。
六、織部がお使い番（説得役）や御伽衆（おとぎしゅう）を命じられたのはなぜ。
七、織部の所領はどこに、どれだけあったか。
八、実名を景安とし、重然（しげのり）に変えた理由は。
九、茶会に美濃焼を使用したのはなぜか。
十、茶会にひょうげもの（沓形（くつがた）茶碗）を提示したのはなぜ。
十一、織部茶会で使われた焼き物はどこから。
十二、織部が茶会で示した哲学（生き方、精神）は。
十三、なぜ、家康から切腹を命じられたか。

一、古田織部という人物の呼び名の出どころは

古田織部は慶長20（1615）年6月11日、徳川幕府から切腹を命じられ、家財は没収された。その男子はそれぞれ追い腹を切り、あるいは戦死して、お家断絶となっている。没年は72歳であった。武将兼茶匠として活躍し、徳川将軍家の

茶道指南役まで務めた。また、織部は茶道織部流の開祖であり、好んで使った茶碗や食器は、彼の名を冠して「織部」と名付けられた。

その古田織部は通称であり、古田織部正重然（おりべのかみしげのり）が正しい。しかし、幕府から賜死を受けたことは歴史上抹殺されたに等しいので、今日不明なことが多い。実名は重然であるが、重能、重勝とも書かれた。これは、主家古田重清（従兄）の嫡男兵部少輔重勝が勢州松坂城主であったことから、間違われ、系図などにも記されることとなったのである。

織部正か織部助か

古田織部と通称される武将兼茶匠は、幼名は左介（佐介）と呼び、天正13（1585）年7月に従五位下織部正の叙任を受けるまで、幼名のまま左介と名乗るとともに、通称されていた。織部正になって以後、茶道の世界では「織部」または「織部助」を名乗っていたので、「織部」か「古田織部」が通り名となった（以降、古田織部本人の呼称は、原則織部とする）。

晩年、織部自身が「織部助」と書簡などに記す場合が多かったので、研究者の中にも、織部正ではなく織部助だとみる人がいる。しかし、それは彼が叙位任官を受けたが、朝廷の中では実態を伴わない役職であり、「織部正」をそのまま名乗ることをはばかったのである。

「織部正」とは、律令制における大蔵省所管の官職で、錦、綾（あや）、紬（つむぎ）、羅（ら）などの高級布地を織り、また染め物のことを司る織部司（唐名は染織署）の長官である。もちろん、戦国時代以前から、叙位任官は形骸化していたのである。

特に晩年、連歌の達人である三藐院（近衛信尹、関白・左大臣）から教示を受けた際、近衛家の執事進藤修理大夫を仲立ちにしたので、「進藤修理」宛書状21通の存在が明らかになったが、その多くが「織部助」と記され、一部が「織部」である。朝廷の高身分者に対し、「織部正」を名乗ることをはばかったと言えよう。

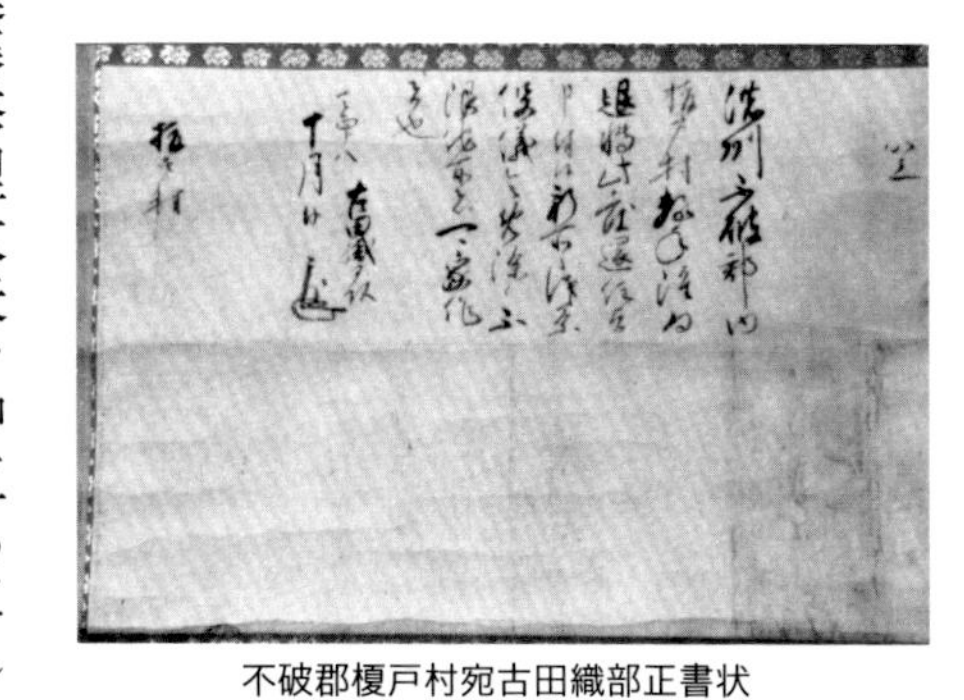
不破郡榎戸村宛古田織部正書状
（大垣市榎戸町 若山光弘家蔵）

なお、天正18年10月、美濃国不破郡榎戸村宛書状（注2）には「古田織部頭」と記しており、「おりべのかみ」と読ませたのであろう。同年12月の不破郡今須村妙応寺宛書状（注3）にも「織部頭」と記している。天正18年という時期は、不破郡内の豊臣秀吉蔵入地の代官時代であり、領民には「織部頭」（織部正）として対していた。その後、武家や茶人に対しては、書状で「古織部」「古田織部」と記しているので、「古田織部」という呼称が一般化したのである。

なお、「織部正」が彼の正式任官名であったのは、『台徳院殿御実紀』巻卅八に「（元和元年六月）十一日、古田織部正重然伏見木幡に於いて切腹せしめられる……」とあることからも、疑いの余地はない。

二、その生誕はいつ、どこであるのか

生誕年としては、次の2説が挙げられている。

天文12（癸卯、1543）年『茶道四祖伝書』ほか

天文13（甲辰、1544）年

以上2説のうち、天文13年説には典拠とする史書は見つかっていない。しかし、織部研究の第一人者桑田忠親氏をはじめ、『古田織部の生涯』（1972年）の著

者一ノ瀬武氏、『国史大事典』（吉川弘文館刊）も天文13年説をとっている。これは、没年が慶長20（1615）年6月で、享年72歳となっていることから、数え年齢計算で逆算されたものであろう。江戸時代以前では、生年を1歳とする数え年が一般である。ただし、『松屋日記』などは、「慶長二十年卯六月十一日　七十三歳古織殿卯ノ年ノ人ナリ」としており、天文12年説も捨て難い。ここでは、一般説の天文13年生誕としておこう。

どこで生まれたか、出身地は？

生誕地が美濃であることに異説を唱える人はいない。美濃国の史書には、次のような記述が見られる。

『濃陽諸士伝記』「山口城主は古田織部なり、往昔梶原景時住居」
『濃州城主誌略』「本巣郡山口村の城主は古田織部なり……今城跡竹藪となりて俗に千貫藪という」
『美濃明細記』「本巣郡　梶原景時之に居れり。古田織部も住居か。」
『美濃国古蹟考』「古田織部居城」

以上のように、江戸時代の史書（編さん物）に、美濃国本巣郡山口（現本巣市本巣町山口）が織部の居住地であり、山口城主であったとする記事が多い。美濃国内に所在する古田氏系図では、山口が古田氏の居所であり、織部・兵部少輔重勝に至るまで、幾代か城主が続いていたことが読み取れる。

ところが、織部重然の義弟で豊後の中川家に仕えた古田家の系図である「豊後古田系図」に、重然の父重定が土岐家の支流の多芸郡一ノ瀬（現大垣市上石津町一ノ瀬）の桑原家へ養子入りし、桑原氏を名乗った時期があるという記事があり、織部は多芸郡一ノ瀬で生育されたのではないか、という説も出てきた。

しかし、養子先の桑原家に義弟次右衛門が誕生したため、重定が古田家へ戻ったのは、左介が誕生する前のことではないかと思われる。美濃国の史書では、古田織部が生育したとか城主をしたという記事は見当たらない。なお、一ノ瀬には、近世から今日まで続く旧郷士の桑原家が名家として存在している。織部が後に山口の古田主家へ入り、古田一族を率いることになることからみても、織部の生誕地は本巣郡山口とするのが最も自然であろう。

三、古田織部氏の系譜で比較的良質なものは

慶長20（1615）年6月、古田織部は徳川幕府から切腹を命じられて没し、嫡男重嗣をはじめ、他の男子も生きていることは許されず、追い腹を切るなどして家は断絶したため、家系は明示できない状態となっている。もちろん、寛政期に幕府が諸大名をはじめとする全国の武家に出させて編集した『寛政重修諸家譜』には、織部家のことは一切掲載されていない。

織部が天正13（1585）年、秀吉によって山城国で大名になった際、郷里の古田氏の山口城主の地位は義兄の嫡男兵部少輔重勝に譲ったが、その兵部少輔重勝家も重恒の時、継嗣がなくお家断絶となっている。『寛政重修諸家譜』では、兵部少輔重勝の子孫4家が載っているが、古田のルーツは、先祖は「五郎右衛門某伊勢国員弁郡古田村に住せしにより古田を称号とす」とされ、美濃国本巣郡がルーツであったことは伝わっていない。

古田兵部少輔重勝は永禄3（1560）年美濃国本巣郡に生まれ、天正20（文禄元、1592）年から文禄4年5月まで、豊臣秀吉蔵入地美濃国席田郡春近村

などの代官を務め、公用米金子請取手形を累年発行している。春近村には土豪兼庄屋井上氏がいて、道三時代から知行をあてがわれていることが分かる（井上文書、現在は安藤鉦司蔵『岐阜県史史料編古代中世二』安藤鉦司蔵文書）。重勝が、勢州松坂3万5千石の城主となったのは、文禄4年である。関ケ原合戦での功績で2万石の加増を受け、5万5千石となった。

美濃国の戦国史に古田氏が初めて登場するのは、明応4（1495）年に起きた土岐家内乱の船田合戦である。土岐家8代美濃国守護成頼には、男子が嫡男政房のほかに定頼、元頼がいた。成頼は家督を政房でなく、後室腹の元頼に継がせようとした。ところが、政房には政治の実権を握り、権勢を誇る守護代斎藤利国が付いていた。成頼は小守護代の船田城主石丸利光を頼った。石丸利光は同士を募った。そのため、土岐家の家臣は斎藤利国派と石丸利光派に分かれ、機会をうかがった。大野郡中野（現揖斐郡大野町中之元）の城主古田勝信は石丸派に付いて、明応4年3月からの戦いに参加した。

しかし、石丸派は敗戦し、古田氏の中野城は落ち、勝信は戦死した。その勝信の叔父古田彦右衛門信正は加茂郡細目郷（現加茂郡八百津町）に住み、勢力を張っていたので、勝信の子総兵衛重方は細目郷へ落ち延び、大仙寺に蟄居（ちっきょ）した。勝信の弟信清は郡上郡下田に住み、下田古田氏の祖であるが、船田合戦で兄と共に石丸派の軍勢として戦い、死んだ。しかし、その子孫は下田に住み続け、古田系図を伝え残した。古田氏系図で、その内容が美濃の歴史などと符合する点が多いものは、次の家譜である。

郡上郡下田（現郡上市下田）「古田家系譜」

先記のように、下田古田家は続き、系譜を残した。美濃戦国史と符合する点が多く、比較的良質の系図と見て、下田古田系図と名付けて重視した。ただし、織部重然のことを重能としている点などは修正の対象とした。

豊後国直入郡植木（大分県竹田市植木）「豊後古田系図」

織部重然の長女せんは、主家の叔父古田平治（兵次）重続に嫁いだ。重続は義兄重然の手配で、豊後中川家に家老職として仕えたので、織部重然が幕府から賜死した後も、家は代々続き、明治維新を迎えている。この系図は織部重然を織部正重勝としている点は修正を要するが、豊後古田系図として大いに参考にした。

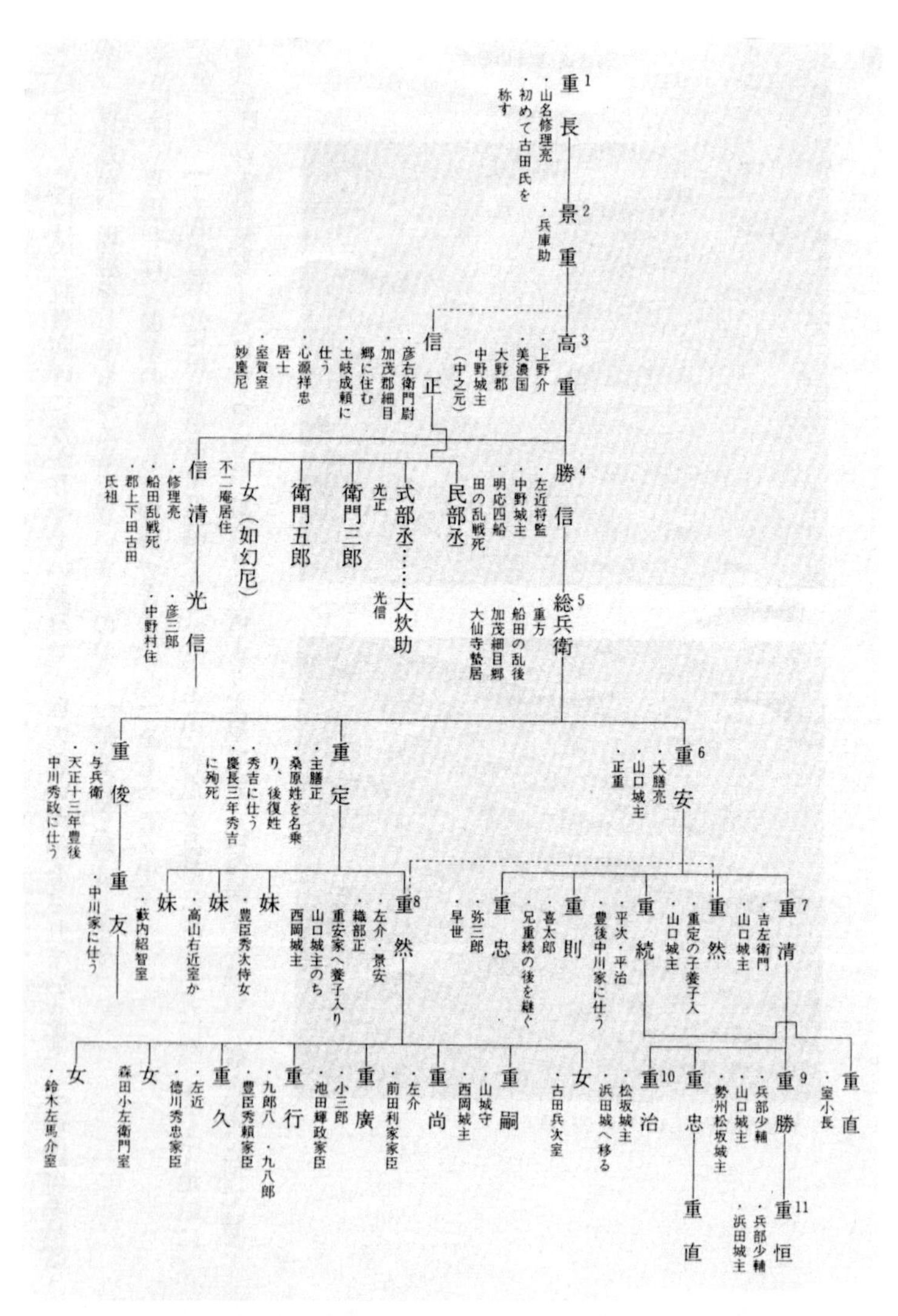

主に、下田古田系図と豊後古田系図を参考に丸山が作成した古田氏系譜

なお、織部重然の父重定の弟与三兵衛重俊（織部の叔父）も、重然が中川瀬兵衛の後継者秀政の後見役をしていた関係で中川氏に仕えた。子孫は豊後国竹田（大分県竹田市）で、「家譜雑記」を作成しており、「豊後古田系譜」の一つと言える。

四、織田信長に従った時期は

永禄10（1567）年9月、織田信長が稲葉山城主斎藤龍興を追い落とし、美濃国征服を遂げた時、古田織部は一族と共に信長に属したというのが一般論であるが、それ以前に信長によしみを通じ、信長の下で働いていたとする説が出ている。信長が岐阜入城直前に美濃国武将らへ出した書状のうち、揖斐川・根尾川流域へ向けたものは、次のようである。

永禄4年6月　安八郡神戸市場宛禁制（森部合戦で戦勝後、神戸まで攻め込む）
同　7年4月　石津郡駒野城主高木直介宛書状（赤坂山東麓の土豪市橋氏を仲介として一層奔走するよう依頼）
同　7年7月　揖斐奥の徳山貞兼宛書状（越前方面への奔走を褒める）

同　7年7月　大野郡更地城主国枝少兵衛尉古泰宛書状（古泰は池田郡本郷城主国枝氏の一族で、越前方面への奔走を褒める）

国枝少兵衛尉古泰宛織田信長書状

越州之儀、御馳走本望候、此方之事、更以不可有別儀候、弥彼方可然様御調尤候、猶、市橋申含候、
右之趣、懇御取成肝要候。恐惶謹言
（永禄七年）七月二日　　信長（花押）
国枝少兵衛尉古泰殿
（池田町本郷　国枝善樹家文書　現在池田町蔵、注4）

すなわち、既に永禄7年段階で、揖斐川・根尾川流域の高木、市橋、国枝、徳山、根尾の諸氏が織田信長によしみを通じていた。当時、古田氏は織部の伯父古田重安が率いており、根尾・越前ルートの入り口の首元に位置する本巣郡山口城

主となっていた。当然、古田氏は流域の他の武将と共に信長によしみを通じ、斎藤龍興を追い落とす仕事をしていたと見るべきである。その時期は、永禄7年かそれ以前からであろう。

信長が岐阜入城と美濃征服を果たした永禄10年時の年齢は、信長34歳、秀吉32歳、家康25歳、織部24歳、伯父重安は51歳であった。古田氏を率いる重安は信長に仕えると、山城国西岡万吉領を与えられ、足利義昭の御伽衆となった。しかし、信長の意を受けて義昭に直諫(ちょっかん)したため、追放され、細川幽斎の元へ身を寄せた。その後、再び信長の元へ戻って働き、天正6(1578)年、西岡で没した。

織部は天正4年、山城国上久世庄で信長の代官をしており、年貢算用状に「古田左介代木村竹右衛門尉」の書名が見られる(東寺百合文書)。それ以前の永禄12年、織部は信長の口入れで、摂津国茨城城主中川瀬兵衛清秀の妹せんと結婚しており、信長から人材として見込まれている。

こうした信長の古田氏への処置から、永禄10年9月以前から、古田氏は信長に仕えていたとみるべきだろう。重安も嫡男重清のほか男子がいたが、重清が男児重勝を残して没してしまうので、信長の下でその働きを認められている織部を養子に迎えて、古田一族を率いらせることにしたようだ。

五、3人の天下人にどう仕えたか

古田織部は、織田信長・豊臣秀吉・徳川家康の3天下人に仕えた。まずは織田信長には、どのように仕えたであろうか。

織田信長に仕えた時期の年譜

年号	月	事項
1567（永禄10）年		義父重安と共に信長の天下統一事業に参加。24歳。
1569（永禄12）年		信長の手配で茨城城主中川瀬兵衛の妹せんと結婚。
		山城国上久世庄で信長の代官を務める。
1576（天正4）年		義父重安は山城国西岡万吉領を付与され、同6年没。
1578（天正6）年		荒木村重の反乱に味方した瀬兵衛を説得し、味方に付ける。条件は、信長の末子古田（鶴姫）氏を瀬兵衛嫡男秀政室とすること。
1579（天正7）年		丹波攻略の明智軍の一翼を中川と共に担う。
1582（天正10）年		本能寺の変。中川と共に秀吉軍に属す。

古田氏を率いていた義父重安の領地が、天正6（1578）年の重安没後、後継養子の織部に受け継がれたかは不明である。天正13年、秀吉から付与されたという西岡領3万5千石相当（まだ石高制以前）と相似しているが……。

なお、天正6年の荒木村重の反乱に、従来の親族関係から味方した中川瀬兵衛を信長側に戻すための使者を命じられ、成功させている。瀬兵衛の妹を妻としているだけでは、荒木に味方した瀬兵衛一族を引き戻すことは困難であったことから、織部は信長に対し、古田一族の美濃国加茂郡細目古田氏娘が信長の側室となって生んだ信長にとっての末娘を、瀬兵衛の継嗣秀政に嫁がせるという条件提示を約束させていた。これが、使者として成果を上げる条件であった。

細目古田氏には、先祖（祖父総兵衛）がかつて船田合戦で敗走した際、緊急避難し、保護されている。その細目古田氏は信長に側室として娘を出していて、女子が生まれ育っていたのである。秀政に嫁いだこの女性は夫の没後、子どもがなかったので、中川家から離れて美濃に帰郷することを望み、晩年は加茂郡細目古田家に住み、立派な墓を残している。

織部は明智軍の一翼を担った時期もあるが、本能寺の変は光秀の単独軍事であり、細川藤孝・忠興父子と同様、大義名分を立て難く、明智軍には味方しなかった。中川一族と共に秀吉側に付いて、合戦に参加した。

豊臣秀吉に仕えた時期の年譜

年号	月	事項
1583（天正11）年		40歳、賎ケ岳の戦いで中川瀬兵衛清秀が戦死。後継秀政の後見役を拝命。秀吉が催す茶会に、織部は秀政と共に列席する。
1584（天正12）年		小牧の戦いで秀吉に従軍。
1585（天正13）年		秀吉の手配で従五位下織部正に叙位任官、山城国西岡で3万5千石相当を拝領。実名を景安と名乗る。42歳。
1587（天正15）年	正月	大坂城における大茶会で第一席を務める利休を補佐。秀吉の九州攻めに従軍。
	10月	秀吉が北野大茶会を催し、織部は師利休と共に奔走する。
1588（天正16）年	2月	丹波国船井郡新町百姓中に諸役免除安堵状を発行。4月、秀吉は後陽成天皇を聚楽第（じゅらくだい）に招く。織部は行幸の先駆を務める。大徳寺の古渓宗陳が筑前に配流となった時、利休に従い、送別の宴を開く。45歳。
1590（天正18）年	8月	秀吉の小田原攻め（対北条氏）と関東平定に従軍。利休は織部に鐙（あぶみ）を送り、慰問する。その際、「武蔵あぶみの文」を交換し、利休と熱海入湯。
	10月	美濃国不破郡榎戸村へ退転百姓還住申付状を出している。
	12月	今須妙応寺に寺領地の小作などについて書状を発行している。

年	月	事項
1591（天正19）年	正月	師利休の良き理解者豊臣秀長が病没すると、石田三成らが利休排斥の策動を活発化させる。48歳。
	2月	利休は秀吉から蟄居を命じられ、堺へ舟で下る。織部はその舟を淀で細川三斎と見送る。28日、利休は切腹。
1592（文禄元）年		朝鮮出兵（文禄の役）で、肥前名護屋へ出陣。秀吉の御伽衆を務める。49歳。
1593（文禄2）年		秀頼誕生。秀吉帰坂、織部同行。
1594（文禄3）年		秀吉の吉野山花見、高野山登山に随行。秋、伏見城竣工。織部は城下の伏見六地蔵に上屋敷、木幡に下屋敷を構える。
1597（慶長2）年		朝鮮へ再出兵（慶長の役）。54歳。
1598（慶長3）年	8月	秀吉死去。実父重定殉死。織部は隠居し、継嗣重嗣に家督を譲り、重定の遺領3千石を継ぐ。
1599（慶長4）年		大徳寺の春屋宗園に付き参禅。金甫の道号を授けられる。

（『安土・桃山の茶匠古田織部』略年譜による）

本能寺の変後、政権を掌握した秀吉に仕えた織部は、茶道の師千利休と共に秀吉の側近の一人となった。秀吉の各地への出陣に随行するとともに、茶事に関わり、やがて御伽衆（相談役、ブレーン）をも務めるようになった。特に、天正19年2月末、利休が賜死すると、豊臣政権の茶頭的立場に就いた。

しかし、慶長3（1598）年8月、秀吉が没すると隠居し、父の遺領を継いで茶の世界を極めるようになり、政界からの離別を図った。これは、師利休が豊臣政権の内部に取り込まれ、切腹を命じられることとなったいきさつを身近に受け止め、政界からの引退を決意したからであろう。

しかし、茶の湯の世界での活躍度が増し、多くの大名が織部の茶に魅せられ、その門下になったことで、再び、心ならずも政界に復帰することとなった。

徳川家康に仕えた時期の年譜

年号	月	事項
1600（慶長5）年		家康の命を受け、常陸54万5千8百石領主佐竹義宣を徳川方に味方するように説得し、不参戦の返事を得る。
	9月	関ケ原合戦で徳川方に属すが、不参戦とする。戦後7千石加増を受け、所領1万石となり、大名に列する。
1603（慶長8）年		家康が徳川幕府を開く。織部は京都堀川の興聖寺を復興し、菩提寺とする。60歳。
1605（慶長10）年		2代将軍秀忠、織部邸の茶会に出る。
1607（慶長12）年		織田有楽と大坂城内で、台子の茶湯を催す。
1610（慶長15）年		名古屋城築造に際し、作事奉行小堀遠州（織部門人）の依頼で、猿面茶室、庭園建造を指揮する。将軍秀忠に台子茶湯を伝授。将軍家茶道指南役となる。

年	月	事項
1612（慶長17）年		駿府城の家康に招かれ、会う。江戸将軍家へ赴く。江戸で「織部百カ状」を書く。
	8月	幕府がキリシタン禁制令を直轄領に出す。
1613（慶長18）年		江戸からの帰途、駿府の家康と面談。
	12月	キリシタン禁令が全国に発令される。
1614（慶長19）年	7月	幕府は方広寺の鐘銘を問題とする。
	8月	方広寺鐘銘文作者清韓和尚が江戸で詰問を受け、蟄居を命じられる。織部は帰京した清韓和尚を茶会に招き、慰労する。
	10月	大坂冬の陣で家康が出陣し、織部が名古屋まで出迎える。
	11月	開戦。織部負傷、家康から薬が届く。
1615（慶長20）年		娘婿大津代官鈴木左馬介が暗殺される。
	5月	大坂夏の陣、8日に大坂城落城。淀殿、秀頼自刃。秀忠の家臣となっていた五男重久が戦死。家臣木村宗喜、京都放火画策の罪で逮捕。
	6月	11日、織部と嫡男重嗣は切腹の命を受け、没する。 13日、次男重尚と三男重廣切腹。四男重行切腹。
	閏6月	10日、京都堀川三条南（四条）の織部邸宅収公、茶器、墨蹟没収。

（『徳川実記』『安土・桃山の茶匠古田織部』略年譜などによる）

豊臣政権の中枢に位置付きながら、賜死を招いた師利休の人生に学び、秀吉没後は隠居の身となり、茶道三昧の生活を送っていた織部であったが、関ケ原合戦で徳川家康から茶友佐竹義宣の説得役を命じられ、心ならずも政界へ復帰させられている。

豊臣政権下、秀吉、三成の支援を受けて常陸54万5千8百石余りの領主となっていた佐竹義宣は、当然、石田三成の呼び掛けに応じる気持ちが勝っていたに違いない。それだけに、家康としては、東の背後に控える義宣が三成方として動くことを大変恐れ、味方にしたかった。この難役を命じられた織部は、味方にすることは難しいが、「動かず不戦姿勢を貫く」ということで承知してほしいと家康に約束させたのであろう。

東西両軍に分かれた合戦に際し、全国の武将は旗色を明示して出兵することが求められており、不戦・不出兵という選択は大変勇気のいることであった。織部は古田父子も不戦・不出兵の態度を取ることを義宣に宣言して、説得に当たったったのであろう。織部父子は佐竹義宣とともに関ケ原合戦時の数少ない不戦者となっている。

合戦後、佐竹義宣は領国没収、出羽改易となったが、出羽で20万石余りの領有を認められた。出羽国秋田郡を本拠に、秋田藩20万石佐竹氏として明治維新を迎えている。

慶長8年、徳川家康が江戸幕府を開いて徳川政権時代が始まるが、その初期において、織部は所領1万石ながら大名に列して、政界に復帰した。その上で、茶器や食器、茶室、露地の構えなどで力強さ、明るさ、広さ、華やかさ、壮大さ、おおらかさをにじませた茶の湯の世界を打ち出したことで、多くの武将たちを引きつけ、織部は武将たちの茶の湯の指導者として、人気を高めていった。やがて、2代将軍秀忠も織部茶会に出席し、織部は将軍家の茶道指南役を仰せつかることとなった。

しかし、茶の湯を通して、家康の相談役（ブレーン役）を務めるようになったことで、ついには賜死に至った。師の利休と同様、政治の世界に深入りして、死を招くこととなったと言えようか。

六、織部がお使い番（説得役）や御伽衆（おとぎしゅう）を命じられたのはなぜ

天正6（1578）年、信長は荒木村重の反乱時、背いた中川瀬兵衛に対する誘降の説得役を織部に命じた。

文禄元（1592）年、秀吉は朝鮮出兵で、出陣先の肥前名護屋城において古

田織部を御伽衆の一人としていた。

慶長5（1600）年、家康は関ケ原合戦直前、織部に常陸佐竹義宣に対する誘降の説得役を命じた。織部は不参戦の態度を佐竹と共にとることで、その使命を果たしている。

慶長18年、家康は江戸で将軍秀忠に茶道指南をした織部を駿府城に立ち寄らせ、面談した。これは、翌年から翌々年にかけて大坂の豊臣秀頼母子を死滅させる軍事行動について、意見を求めるためだったようである。織部は、将軍秀忠の娘千姫が嫁いでいる秀頼であり、領地は70万石に過ぎず、滅ぼすに値しない旨の意見を述べたものとみられる。織部の茶道の哲学「共生」からして、それ以外の答えはなかった。しかし、それが大坂夏の陣後の賜死を招いたものとみられる。

3人の天下人の意を受けた織部が担ったのは、使者、説得役、政治ブレーンである。その重い任務を果たし得る力を、織部は備えていた。

その基盤は、禅宗に帰依し、京都の高僧との問答で得た哲学であったに違いない。加えて、師利休に学んだわび茶の心であった。この両者を基盤にしつつ、諱（いみな）を「重然」としているように、人それぞれのありのままを認めること、個性を尊重すること、世間の弱者や障害者、身分低き者までその存在を尊重すること、流血は避け、生命を尊重すること、あるいはお家存続を重視した。茶の湯を通して人との出会いを大切にし、一度できた絆は生涯大切にするという生き方が人々に伝わり、信用厚い人物像を形成したのであろう。

七、織部の所領はどこに、どれだけあったか

1、西岡3万5千石（相当の貫匁(もんめ)の地）まで

永禄10（1567）年9月、織田信長は美濃国征服を遂げ、岐阜入城を果たした。当時信長は34歳、織部は24歳であった。織部がいつ信長に仕え始めたかについては、永禄10年以前の同7年前後からとみられる。

古田氏の本拠本巣郡山口の対岸、大野郡更地村に住む武将国枝少兵衛古泰宛ての織田信長書状があり(注4)、花押などから永禄7年発行とされている。7年当時、揖斐川と支流根尾川流域の武将のうち、市橋、高木、国枝の諸氏は既に信長方に臣従しており、伯父重安が率いる古田氏も、織田氏によしみを通じていたに違いない。織部は20歳を過ぎており、重安と信長の間の往来役は織部であったろう。

永禄12年、織部は信長のあっせんで、摂津で勢いを増しつつあった中川瀬兵衛清秀の妹せんと結婚した。信長にとって、近畿から西国へ勢力拡大する上で、摂津は味方にしたい要地であり、古田氏と中川家の姻戚関係は重大事であった。天正6（1578）年、荒木村重の反乱に味方した中川瀬兵衛を味方に引き戻すために織部を使者とする際、側室古田氏が生んだ鶴姫を瀬兵衛の嫡男秀政に嫁がせることを条件としている。信長にとって、古田一族は信頼すべき近臣一族であったに違いない。

天正4年前後、織部は信長蔵入地の山城国上久世庄の代官をしている。「天正四年卯月十六日」付けで、古田織部下代木村竹右衛門尉が記した「山城国上久世庄御年貢米算用状」（注5）があり、天正3年分の分米合計228石7斗1升2合の細目を明らかにしている。この信長の代官時代の織部の所領は不明であるが、「摂津国東倉垣内西園郷三百貫匁」があったことは知られている（注6）。それは、義兄中川瀬兵衛から分知されたものであろうか。

伯父古田重安は織田信長に仕えると、山城国西岡万吉領を与えられ、足利義昭の御側衆となったが、将軍義昭への諫言から追放され、細川藤孝の元に身を寄せた。その後、再び信長に迎えられ、活躍したが、天正6年に西岡で没した。享年61歳であった。重安には嫡男重清(兵部少輔重勝の父)をはじめ4人の男子がいたが、重清が重安の生存中に戦死したので、織部が重安家に養子入りし、古田一族を率いることとなった。

重安の所領とされる西岡とは、桂川西岸(右岸)から西山山塊に及ぶ一帯の乙訓郡地方で、丘陵が多い。現在の長岡京市、向日市、大山崎町から京都市西京区、南区、伏見区にかけての地域である。織部が代官をした上久世庄もそのうちにある。中心は古代長岡京があった長岡である。細川藤孝が幼名を万吉と称したので、西岡万吉領というのは細川藤孝領のことであろう。細川藤孝は一時、長岡氏を称していたことから、長岡を中心とする地域の領主であった。

細川藤孝は天正8年に、息子忠興が丹後国内で12万石余(相当の地)をもらい、丹後へ移る時、一緒に移住している。古田重安が万吉領をもらったのは、細川氏が丹後へ転封された以後とは考え難い。それでは没後になってしまう。細川万吉領の一角かその周辺ということであろうか。

織部が領地をもらったのは天正13年。叙位任官し、織部正景安を名乗った際、西岡に3万5千石（相当の地）を受けたという。

近年、長岡京市を訪れ、地元の史家に尋ねると、西岡の北部、向日市一帯であろうと言われた。向日市辺りは細川藤孝に滅ぼされた物集女（もずめ）氏の所領で、城跡がある。ここが古田織部の所領で、元物集女城が古田城であろうとのことであった。

細川氏は天正13年10月、秀吉の奉請を得て、二位法印に叙せられ、在京料として山城国西岡で3千石相当の地を与えられ、元の勝竜寺城に居住することを許されている。

天正19年正月、秀吉から追放され、堺へ向けて桂川を舟で下る師利休を、淀で織部と忠興が肩を並べて見送ったのは、所領が近かったからである。

天正十六年　古田織部新町宛諸役免除安堵書状

猶以、其在所役免除之事
其地下諸役之事、従先々御免除之申候間、聞分用捨仕候、
聊以不可有異議候、為其、一筆如此候、仍如件
古田織部

天正十六年二月十日　　景安（花押）

新町　百姓中

（京都大学所蔵文書）

天正16年2月10日に、織部は丹波国船井郡新町百姓中に対し、「諸役免除安堵状」（注7）を発行しており、丹波国船井郡地方を領地としていたことが分かる。山城国乙訓郡だけでなく、離れた丹波国にも飛び地領があったが、全体像はつかめない。

2、隠居後の3千石

慶長3（1598）年8月、秀吉が没すると、織部の実父重定が殉死する。織部は家督を嫡男重嗣に譲り、隠居して、父重定の遺領3千石を受け継ぎ、茶道三昧の生活に入った。その3千石は、山城国乙訓郡（西岡）地方とみられているが、郷村までは不明である。

3、関ケ原合戦後の合1万石

慶長5年、関ケ原合戦時、石田三成方に味方しようとしていた佐竹義宣を説得した功で、織部は7千石の加増を受けた。父の遺領と合わせ1万石となり、大名格となった（注8）。

この時の所領の一部は、次の土地であった。

山城国相楽郡瓶原郷（美加ノ郷）の西村、井平尾、川原、岡（崎）村、登大路、仏生寺、口畑、奥畑の各村（以上現京都府木津川市）

計2428石

丹波国船井郡新町（現京都府園部町新町）
大和国山辺郡井戸堂、千済、上総の3カ村（現奈良県天理市）

計1944石4斗

美濃国不破郡伊吹村（現岐阜県垂井町）　769石5斗6升
同　榎戸村（現岐阜県大垣市）　242石6升

以上、5384石6斗は判明している。ほかに、山城国乙訓郡、近江国内にあったといわれている。

大和国井戸堂などの拝領については、『四祖伝書』の慶長5年（4年とする説もある）10月17日朝の織部茶会記の末尾に、「治少（石田三成）乱ニ古織殿へ新地拝領、大和井戸堂へ」（注9）とある。

織部の所領は1万石だったから、判明分は約半数である。屋敷は伏見城下の六地蔵の上屋敷、茶の名産地木幡に下屋敷があった。そのほか、京都堀川通三条南（四条説もあり）に古田屋敷、江戸にも古田屋敷があったという。慶長6年4月18日の『四祖伝書』には、大和井戸堂にも屋敷があったことをうかがわせる記述がある。

八、実名を景安とし、重然（しげのり）に変えた理由は

天正11（1583）年10月　秀吉様茶湯　古田左介　『今井宗久茶湯書抜上』
同　12年10月　秀吉様茶湯　古田左介　『宗久茶湯日記』
同　13年2月　古田左介会　『宗久茶湯日記』
同　13年5月　古田左助　『四祖伝書』
同　13年7月　従五位下織部正景安に叙位任官　（『桑田忠親著作集第十巻』）

同　16年2月　船井郡新町宛書状　古田織部景安（京都大学所蔵文書）
同　17年2月　古田織部会　古田織部「今井宗久茶湯書抜上」
同　18年10月　不破郡榎戸村宛書状　古田織部重然（若山家文書）

古田左介（左助）と称し、人々からも左介と呼ばれていた織部は、天正13年7月、皇室の慶事を機会に、秀吉の推薦を得て叙位任官を受け、織部正景安を名乗った（注10）。その後、天正18年には、「織部頭（正）重然」と記名している。ここに二つの疑問がある。

まず、天正13年から数年「景安」を名乗ったのはなぜだろうか。

これについては、「景」の字を使っていることを注視しなければならない。美濃焼を創始した陶工加（賀）藤氏が名に使ってきた「景」である。天正2年正月、「瀬戸焼釜で焼く権利を保障した信長朱印状」を保持する賀藤市左衛門尉は、瀬戸赤津から美濃土岐郡久尻へ移ると、与三兵衛景光と名乗った。景光の長男は景延、次男は景頼、景頼の養継嗣は景増と続いた。

織部は天正11年の秀吉茶会に参席しているが、それ以前から利休に出会っていて、茶湯における茶器、食器の景色の重要性を認識した。よって、郷里で親しんだ美濃焼を創始した陶工加藤一族と縁を結び、焼き物の技術を学んだのではなかろうか。市左衛門は信長朱印状の「付」記によれば、瀬戸から土岐郡久尻村へ移り、黒茶碗を産出したとされている。

東京国立博物館蔵の「慶長拾七年熱田太神宮九月吉日加藤左右寄進仕候」銘の織部（総織部）獅子紐香炉は、加藤左右衛門が熱田神宮に寄進した総織部香炉であり、この人物は瀬戸をルーツとする美濃焼の陶工加藤一族であろう。織部晩年の頃であるが、織部の作意を受けて焼く陶工団構成者であろうか。陶工加藤氏の系譜について、「天正二年正月十二日賀藤市左衛門宛織田信長朱印状」付記（『多治見市史窯業史料編』一号文書、注11）によれば、次のようである。久野治氏は『古田織部とその周辺』で、別の加藤家系図を示している（注12）。そして、熱田神宮への香炉寄進者加藤左右衛門は土岐元屋敷釜祖景延かとしている。

慶長 17 年銘織部焼香炉図
絵：筆者

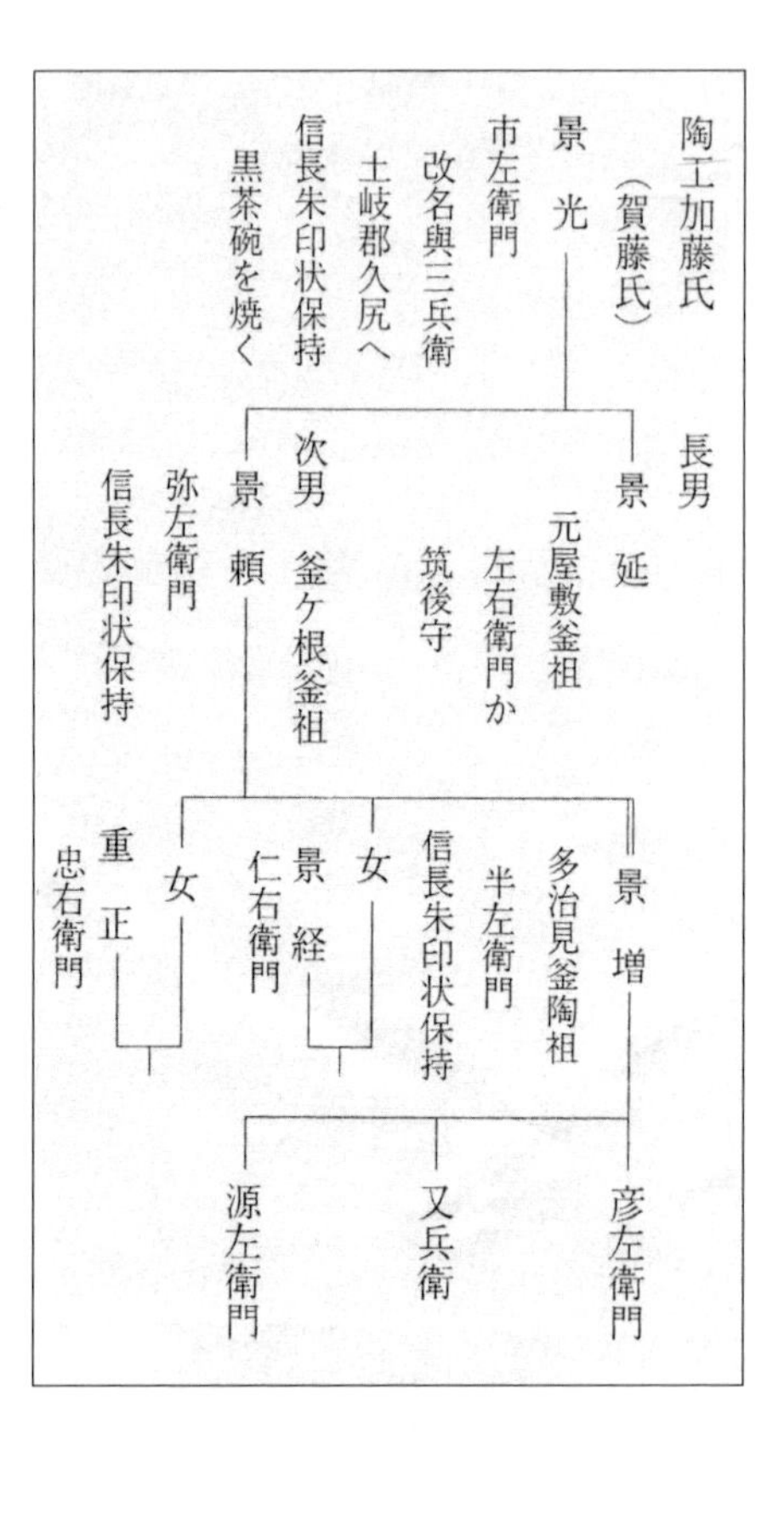

多治見陶祖

織部が陶工に焼き物の指示をするような接触はなかった、というのが、旧土岐郡地方の陶磁器資料館関係者の意見である。私が平成26（2014）年9月開催の大織部展（注13）の『図録』の中に、「織部という人物」というタイトルで執筆をした際、最初に提出した原稿には「茶匠古田織部が自分の茶会に使いたい茶碗・

食器は、陶工を指導して焼かせたことは、否定できない」という記述があったのだが、この部分を「どうか控えてほしい」とのことであった。よって、私は「推測」にとどめた。

ところが、その大織部展が終わりかけた時期、その『図録』において「手紙に読み解く古田織部の書」を執筆された増田孝氏が、大織部展に展示され、『図録』中39番に掲載された「慶長十七年十一月の島津義弘宛書状」(国宝)について、「弟子上田宗箇を名代として薩摩へ派遣し、薩摩焼茶入の形状、釉薬まで指導をしていることが分かる」として、新聞発表された。

その文面から「毎々」焼き物指導をしていることをうかがわせるものであった。関係史料がないからとして、茶匠古田織部と陶工の関係を全否定することは避けるべきである。古田織部は茶碗や食器、茶室、露地など、茶事に関する全てのデザイナーであり、それぞれの職人に指示をして、特有の茶の湯の世界を演出していたとみるべきとする。

天正13年5月28日、『宗久茶湯日記他会記』(注14)によれば、「古田左介会」に出席したところ、「瀬戸茶碗」が使われている。すなわち、織部は自分が催す茶会に瀬戸茶碗を使用して注目された。茶会に瀬戸茶碗が使われることは、それまでになかったであろう。当時、陶工加藤氏が焼き出す茶碗は、その出身から「瀬戸茶碗」と呼ばれたのであろう。織部はその陶工加藤氏に弟子入りしたのか、諱に「景」の字を入れている。その期間は、天正10年前後から同17年前後までであった。

天正17年2月9日の織部茶会では、竹野宗瓦、今井宗久、天王寺屋宗凡、千紹安（利休長男）が出席する中、「高麗茶碗」に「瀬戸水指」を使用している。舶来茶碗と共に、瀬戸もの（実は美濃焼）を堂々と使っている。

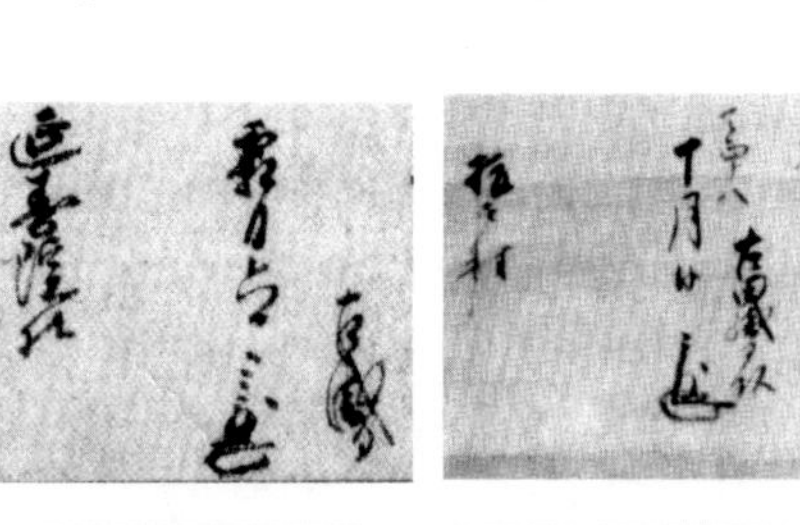

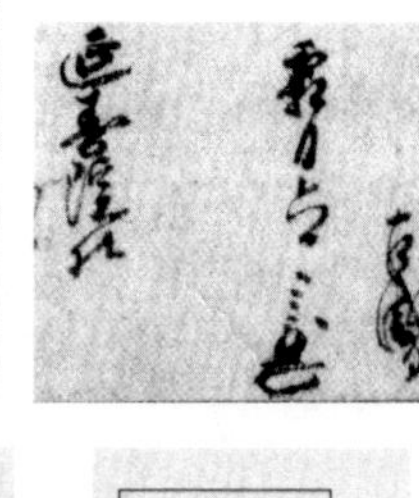

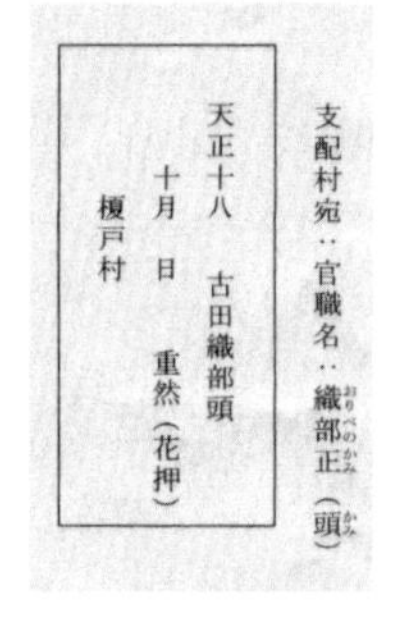

支配村宛：官職名：織部正（頭）

天正十八　古田織部頭
十月　日　重然（花押）
榎戸村

茶友宛

古田織部
霜月六日　重然（花押）
延喜院

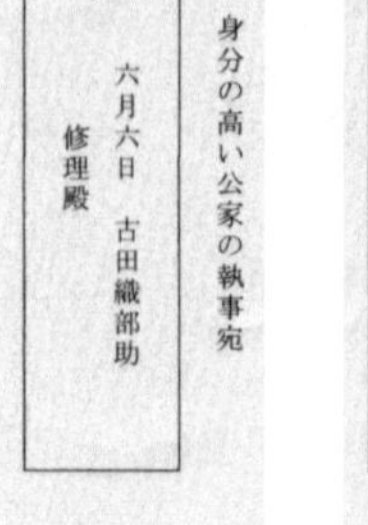

身分の高い公家の執事宛

六月六日　古田織部助
修理殿

署名の変遷

もう一つの疑問は、天正18年前後以降「重然」を名乗っている理由である。

これは、天正13年や同17年茶会で美濃焼を使ったことで顕示したように、織部茶湯の哲学である「足元や身近な良き物を生かす」ことの具現であったと考えたい。その心は、禅宗で学んだ自然、ありのままを重んじることであった。天正17年前後から、織部は諱を「重然」に変更し、以後、その名乗りを貫いている。「景安」という名乗りには、自分好みの美濃焼の景色良き品が生み出されることを希求し、活用し始めたことを表徴しており、「重然」は、織部茶湯の哲学が定まったことを示しているのであろう。

九、茶会に美濃焼を使用したのはなぜか

基本的には「八、実名を景安とし、重然に変えた理由は」で述べた通りである。足元や身近にあるものの良さを発見し、生かすという織部の茶湯哲学の実践である。この考え方は、武将として仕えた織田信長の生き方に学んでいる。信長は人材登用はもちろんであるが、征服先の各地における「良きもの」を認め、活用している。永禄10（１５６７）年9月に岐阜入城を果たした信長は、城郭門前の繁

華街「楽市場」の権益を承認したり、長良川の鵜飼の妙味を認識すると、武田信玄の使者を遇するために鵜飼観覧を共にして、鵜が捕らえた鮎を土産にしたりしている。

永禄10年10月、「楽市場」を承認した信長は、翌11年9月に「楽市・楽座」制札を掲げ、城下町繁栄策の打ち出しに活用している。古田織部は信長の合理的な思考と行動に魅せられていたのであろう。

それに、茶湯の道の基礎は師利休に学んだが、やがて自分流を生み出していかねばならないとした。それは、利休の教えでもあった。

利休の茶事は自由闊達(かったつ)で、形式と虚構を忌み嫌っていた。利休は、茶湯の作意は人まねをすることではない、新しい発見をすることであり、創意工夫を凝らすことであると考えていた。織部は師利休の教えを実践しようとしていた。その過程でふるさと美濃の焼き物を活用することを考え、陶工加藤氏一族と縁を結んでいたことを表徴するのが「景」の字を入れた「景安」であり、それを土台にしつつ、禅宗で学んだことを生かしたのが「重然」であった、と見る。

十、茶会にひょうげもの（沓形茶碗）を提示したのはなぜ

『宗湛日記』の慶長4（1599）年2月28日（注15）の記述によれば、朝、伏見の織部屋敷での茶会に出席した神谷宗湛は、「ウス茶ノ時ハ、セト茶碗、ヒズミ候也、ヘウゲモノ也」と記し、驚いている。「ひょうげもの」とは、ひょうきんものの意である。当時の社会は長い戦乱の世が終わり、平和な新時代に入ったところで、新しい時代をつくろうと変わったことをする「かぶき」の時代が始まっていた。

ゆがんでいて、左右不対照の、一見焼き損ないものと見える茶碗を堂々と茶会に使用した。その茶碗は手触り（手なれ）良く、個性的で、同じものが二つとない、しかも力量感あふれるものであった。その姿は茶湯の世界の常識を破り、殴り込みをかけるものであった。

この2月28日というのは、師利休の命日でもあった。だから、「ひょうげ茶碗」は極めて意図的な提示であっ

織部黒茶碗・重要文化財
（土岐市美濃陶磁歴史館蔵）

た。この茶会の茶道具をうかがうと、次のようであった。

茶碗は高麗　大にして紋は唐草、ボタンか、青磁のよう

墨蹟（せき）は一山（一寧）、右下に山あり

肩衝（かたつき）は瀬戸、薬黄にして、辻堂（釜焼き）

水指は瀬戸

釜は新なり、うわくちの大釜なり、吉野にてホリ出、釜を仕合す

薄茶のときは瀬戸茶碗、ヒズミ候、ヘウケモノ也

客は安芸宰相（毛利輝元）、久留米侍従（小早川秀包）、神谷宗湛であった。関ケ原合戦の前年であり、話題は何であったか、興趣が湧く茶会である。瀬戸とはこの時期は美濃焼のことであり、主役は高麗茶碗であるが、織部好みの茶道具を入れ込んでいる。すなわち、織部は茶の湯の世界に新作為の時代を開始することを表明しようとしたのであろう。

『四祖伝書』の慶長4年2月21日記の文末に、「古織部殿へ神無月二日ニ初テ太閤様御成ニ風炉茶湯なり」とあり、秀吉は生前のある年の10月2日に開かれた織部邸での茶会に出席している。朝鮮出兵前後とみられる。当時、織部は利休後の

茶道会の頂点にいて、伏見城などにいた天下人秀吉に近侍する御伽衆の一人であった。ひょうげ茶碗を使ったのはその主（秀吉）が没して、隠居の身で茶道三昧の世界に入っていた時であり、自由に自分の哲学の実践ができる時でもあった。意気も上がり、新時代創造を手掛け、多くの人を導くこととなった。

十一、織部茶会で使われた焼き物はどこから

慶長4（1599）年以降の織部茶会で使われた茶道具、食器はどこのものか。主なものを拾い並べてみると、次のように多様である。

高麗茶碗　慶長3年から同14年まで使用。当時朝鮮に注文して入手したとされているが、疑問も出ている。

利休時代の呼称は、狂言袴、三島、刷毛目、粉引、雨漏、堅手、熊川、井戸である。

織部時代は、斗斗屋、堅手、蕎麦、伊羅保、柿の蔕、割高台、御所丸・彫三

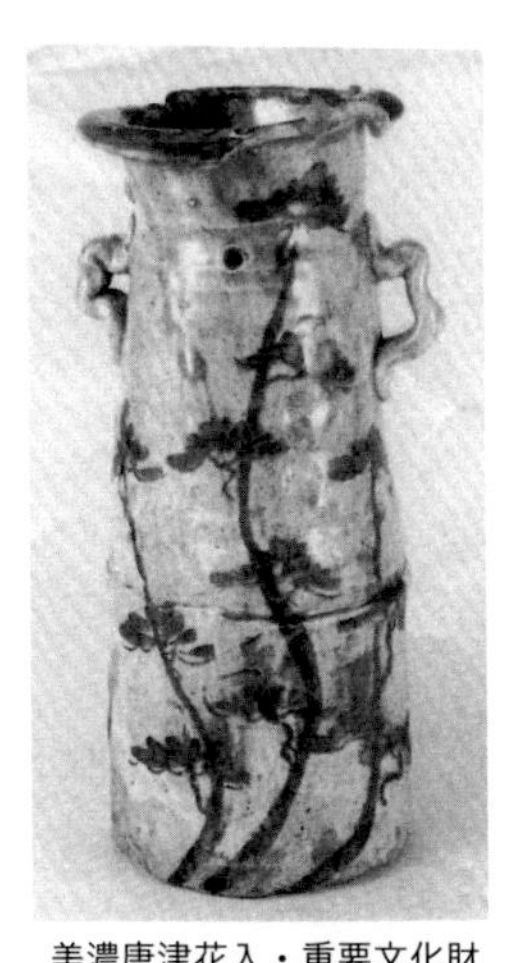

美濃唐津花入・重要文化財
（土岐市美濃陶磁歴史館蔵）

島など。使用頻度が高く古田高麗とも言われた（注16）。

唐津焼　茶碗（佐賀）　花入　肩衝　水瓶　皿　口黒茶碗　茶盆　水指　香合

美濃焼　茶碗　肩衝　花入　辻堂肩衝　辻堂茶入　皿　水こぼし　茶盆　黒瀬戸（慶長8、同13、同15、同17、同19年）　黄瀬戸（慶長16年）　水こぼし

伊賀焼　花入　水指（慶長17年）　筒　水指

備前焼　水指　筒掛け　花入　水瓶　水こぼし　筒掛

信楽焼　水指　共蓋姥口水指　花筒　水下

ルソン　盆　皿　大皿

とやま　黒茶碗

薩摩焼　茶碗（慶長11年12月）

（市野千鶴子校訂『古田織部茶書二』1984年思文閣出版）

慶長10年前後から最晩年の同18年前後までの織部茶会でよく使われた焼き物は、次のようである。

茶碗　瀬戸黒織部（織部黒）が主となる。黄瀬戸、唐津茶碗も
水指　備前水指、唐津水指が主となる。信楽・伊賀も
花入・筒掛・筒　伊賀焼が主となる。備前・瀬戸も
水こぼし　瀬戸が主になる。
皿類　瀬戸が主となる。ルソンの皿も

茶碗は、慶長6年までは高麗茶碗（濃茶事）を使い通しているが、同7年から瀬戸（美濃）茶碗、信楽茶碗、唐津茶碗と定まらない時代を経て、同10年前後以降は瀬戸黒茶碗が主流となる。水こぼしや皿も瀬戸ものが主流となる。水指は唐津焼、次いで備前焼か伊賀焼が使用されることが多くなる。花入は唐津焼、伊賀焼が主流をなしている。

美濃伊賀水指
（土岐市美濃陶磁歴史館寄託）

以上のように、織部は初め、各地の焼き物を幅広く使用していたが、茶碗は楽茶碗の黒を見据えた黒瀬戸（美濃）、水指は備前、花入は伊賀というように、好みが定まってくる。

この焼き物については、美濃焼と唐津焼、伊賀焼などとの出合い（陶工たちの学び合いか）があって、影響を受け合い、美濃伊賀、美濃唐津などが生み出されるようになった（注17）。

よって、織部焼には、次のようなものが生み出されたのである。

総織部（銅緑釉）、織部黒（黒瀬戸）、青織部（銅緑釉）、鳴海織部（茶・黄土と白土）、志野織部、美濃唐津、美濃伊賀（注18）

十二、織部が茶会で示した哲学（生き方、精神）は

織部は武将であるとともに、茶湯を大切にする人で、やがて、師利休の後継者と目され、徳川2代将軍秀忠の茶道指南役を務めるに至った茶湯名人でもある。茶湯の世界で、織部は自分の生き方や哲学を提示し、多くの人を引き付けていた。

織部の生き方はまず、天正19（１５９１）年に秀吉から蟄居を命じられ、舟で堺へ下る師利休を淀で見送るところに示されている。政治の世界で為政者から処罰を受けた者に対し、別れを惜しみ見送ることは、為政者への敵対行為として控えるべきとされた。しかし、織部は対岸の領主細川忠興と共に、茶湯の師利休を

見送ったのである。それは、政治の世界と茶湯の世界は別であるという考えを示している。茶湯とは文化であり、政治と文化の分離の哲学を示している。

この生き方は、慶長19（１６１４）年、方広寺の鐘銘問題で幕府から蟄居を命じられ帰京した清韓禅師を慰労する茶会を開いたことにも貫かれている。このような織部の茶湯についての哲学、生き方について列記しよう。

①政治と文化の世界は分離して考え、実践しよう（先記のごとし）。

②自分好みを大切にしよう。個性を尊重する。

それは、ゆがみのある「ひょうげもの茶碗」の活用である。自分の感性を生かし、自分なりの美の世界をつくろう、とした。それが、「沓形茶碗」時代を創始することとなった。

③時代が求めるものを受け止めて、表現を工夫しよう。

天下統一が実現し、平和にして明るい、新しい武家の時代となった。織部は茶湯の世界で、茶室の造り、露地の構え、茶花の使い方などで、力強さ、明るさ、広さ、おおらかさを新たな時代になじませて、武家茶を創出した。しかし、その奥に、師利休のわび茶の理念を持ち続けていた。

④茶湯の世界では身分の上下を問わない。

織部が開いた茶会に参加したのは、大半は武将、豪商茶人であるが、僧侶や、大工などの職人の姿もあった。慶長15年11月27日の昼茶会では、塗師の道恵と藤元、大工与左衛門、釜屋弥五郎が出席。同16年正月25日の昼茶会では、大工の喜左衛門、大工源左衛門、壁屋助左衛門の３人が客に含まれている。茶室の造りに関わったのであろうか。

こうした身分の低い者と同席することをけしからんとする武家もいて、帰りかけたのを、他の相伴衆がなだめたことも伝えられている（「茶事秘録巻之三」）（注19）。茶湯は武家だけのものではない。茶湯は階層を問わない。だれがたしなんでもよいとする考えで、庶民浸透への道を示した。

⑤共存・共生の社会であるべきである。

「疵（きず）ない茶碗を四ツ割に」して繕い、茶会に使ったということで、その奇妙奇抜さに驚くだけでなく、宝物をわざわざ破壊して茶会に使うことの不吉を予言する人さえあった。しかし、織部の意図は、疵物も繕えば立派に機能するということである。人間の社会で言えば、例えば障害者をさげすみ嫌うのではなく、健常者と差別なく、共生する人の世であるべきであるというところにあった。（市野千鶴子校訂『古田織部茶書二』）

この四ツ割の高麗茶碗の井戸茶碗銘「須弥（十文字）」は、写真（『芸術新潮1992・7「天下の茶人古田織部の謎」』所収）で目にしたが、いつどんな茶会で提示したのかは、把握できていない。ただし、高麗茶碗を使っていたのは慶長6年頃まであり、高麗茶碗使用の最終期のことであろう。

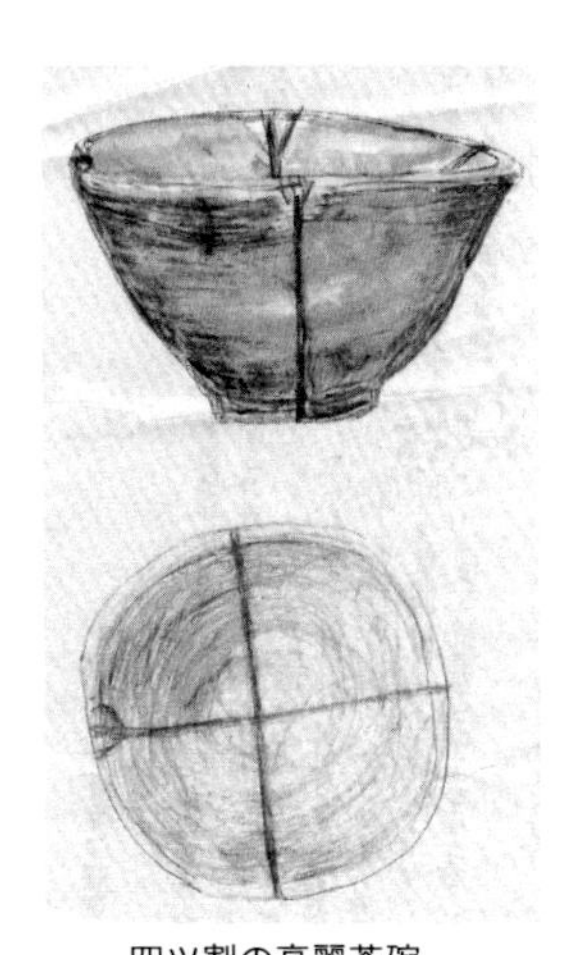

四ツ割の高麗茶碗
絵：筆者

「破れ袋」に代表される古伊賀の水指など、幾筋か割れ目があり、表面がぶつぶつしていて一見焼き損ないに見えるが、力強く、ダイナミックで豪快さを感じる焼き物を既に使い通しており、その精神は貫かれている。

慶長4年2月28日の茶会で見せた「ゆがみ、ひょうげものの沓形茶碗」において、その精神の源流を見せていると言えよう。

⑥茶湯の進む道は、破格である。

我が国の茶道の基礎を築いた茶道六祖には、村田珠光、武野紹鴎、千利休、古田織部、小堀遠州、片桐石州の名が挙げられ、定着している。茶道四祖は利休以後の4人のことである。その中で、最初に茶の湯の道を大成させたのは利休である。よって、茶の湯は桃山時代から江戸時代初期にかけて大いに興隆した。しかし、その流行と普及につれて、単なる風流な趣味か遊芸に成り下がりつつあった。天下統一を果たした秀吉は、新しい武家の茶の湯の世界を求め、利休のわび茶を嫌い、黄金の茶室を造るに至った。その結果として、利休は追放処罰の憂き目を見ることになった。利休の跡を受ける立場となった織部は、利休のわび茶の理念を固く継承する一方で、力強さ、明るさ、華やかさ、壮大さがうかがえる武家茶道をつくろうと努めた。

新しい武家茶道をつくるために、織部は利休の教えに従い、基礎を習得したら、その後は自分好みの茶の湯の世界を築くことに努め、古い型を打ち破っていった。一言で言えば、「破格」である。それは先記したように、茶碗や食器、茶室、露地、茶花の使い方、茶懐石などに顕示された。織部は既成の美の見直しをしている。

茶花の使い方では、こんな例がある。

文禄5(1596)年3月9日、織部朝茶会(注20)のことである。

参会者は大賀屋道賀、最福院久好の2人であった。籠に花入れがなされていたが、桜が中央奥に、その両側に椿が1本ずつであった。茶湯に桜花は「福貴過ぎたる」として使わないことがしきたりとなっていた。久好がなぜかと問うと、織部は「前日に道賀が桜を一枝を持参してくれた。その一房を茶花に生かしたかった」と答えた。道賀は茶花に使うとは思わなかったが、使ってあるのに驚いた。

織部は旧来のしきたりよりも、道賀の風雅の行為を生かすことを優先したのである。もてなしの心を優先したのである。久好は織部の語りを「やさしきあいさつ也」と記している。

十三、なぜ、家康から切腹を命じられたか

慶長20(1615)年6月11日、織部は嫡男重嗣と共に幕府から切腹を命じられ、伏見木幡屋敷において没している。享年72歳であった。

6月13日、次男重尚と三男重廣は2人を追って切腹した。同24日、四男重行も切腹。徳川秀忠の家臣であった五男重久は、大坂夏の陣で5月8日に戦死してい

た。男子による子孫の継承は全て絶たれた。大変厳しい処罰である。

　この処罰の前に、末娘の婿大津代官鈴木左馬介重春が暗殺され、家臣木村宗喜が京都放火画策の罪で逮捕された。このことで、織部は幕府による断罪を覚悟した。京都放火など言われなき罪であり、幕府によるでっち上げであることは明白であった。織部は早速、京都三条屋敷の茶室燕庵を妹婿藪内紹智に譲り、移転させた。

　ではなぜ切腹となったのだろうか。

　時系列で追うと、慶長18年8月、江戸からの帰途、駿府の家康と面談の際、豊臣秀頼母子の処断を問われたに違いなく、その返答が徳川家康の意向と真逆であったと考えられる。織部の生き方からすれば、当然「処断する必要なし」との答えをしたであろう。

　慶長19年1月、家康は譜代の老臣大久保忠隣(ただちか)を改易した。忠隣は幕閣内の進歩派の総帥であった。この改易は守旧派の代表本多正信・正純父子の陰謀により実行されたとみられている。

　幕府財政健全化の功労者大久保長安が同年1月に病死すると、3カ月後の4月、その子孫は全て切腹、家財は全て収公という重い処罰を受けた。忠隣と親しい一族の抹消であった。この二人の進歩派と親しく交際していた織部は、幕閣内の支援者を失い、庇護してくれる人たちを失ったのである。

さらに、同19年7月には、「方広寺鐘銘事件」に絡み幕府から蟄居を命じられていた清韓禅師を慰労する茶会を開いたことが問題視された。家康側近で、織部を支援してくれる人がいなくなったことで、徳川幕府の異端者として、織部に批判が集中することとなった。徳川将軍家の茶道指南役織部は、諸大名にも影響を与えうる天下一の茶人に上り詰め、その名声をねたんで追い落としを狙う勢力が一方にはあったのである。

慶長19年11月、大坂冬の陣へ出陣中の織部は、茶湯の友佐竹義宣の陣を訪れていた時、弾丸によりけがをした。その織部に対し、家康は薬を届けている。織部批判が側近の間で高まりつつある中で、織部を抹消するには惜しいとする家康の最後のシグナルであった。しかし、その後、秀頼母子抹消の一端に織部を加えるべきという声は家康側近の間に高まるばかりで、ついに実行に移されたのである。

おわりに

近代における古田織部の史的研究は、昭和13（1938）年、式正織部流十六世秋元瑞阿弥氏が、『流祖古田織部正と其茶道』（学芸書院）を著して世に出した時に始まった。

茶道織部流は、慶長20年6月に織部が幕府から切腹という処断を受けたことで御留流として禁じられ、豊後岡城主（現大分県竹田市）中川氏の家老古田重続（織部長女せんの婿）家のみに代々受け継がれてきた。

秋元瑞阿弥氏は、織部流が15代古田辰雄氏の死去で絶家となったので、自ら16代を名乗り、流派を式正織部流と命名し、流派の発展活動を目的とする織部桔梗会を結成した。以後、京都堀川通りの興聖寺（織部が再興、古田家菩提寺）の参拝、墓所の整備、茶会の開催などが行われてきた。秋元瑞阿弥氏は、自分の跡は家元を興聖寺に置くこととし、住職がその後を引き継ぐこととした。

秋元瑞阿弥の著書は、

第一章　武人としての古織公

第二章　大宗匠としての古織公
第三章　式正織部流の茶
付　録　古織正伝「慶長御尋書」
であり、織部研究者の必見の書である。
以後、織部研究は、茶道研究家桑田忠親氏が精力的に長年探究され、多くの関係図書を出された。昭和18年の『武家と茶道』（一條書房刊）を皮切りに、昭和43年の『古田織部　人と茶と芸術』（徳間書店刊）、昭和55年の『桑田忠親著作集第十巻』所収「古田織部」（秋田書店刊）などである。
岐阜県では、一ノ瀬武氏が昭和47年に『古田織部の生涯』を著した。一ノ瀬氏の功績の第一は、出身地は美濃国本巣郡山口とし、諱が左介―景安―重然であることを明示されたことである。
その後、市野千鶴子氏が、昭和51年に『茶道古典叢書一　古田織部茶書一』（思文閣出版刊）、同59年に『茶道古典叢書三　古田織部茶書二』（同）、さらに、昭和60年には『古田織部の書状』（伊藤敏子、毎日新聞社刊）を出され、織部研究者の座右の書となった。

その後は、次の関係図書が出て、注視を受けた。

昭和60（1985）年　増田孝著『茶人の書』（文献出版）
平成元（1989）年　池田瓢阿著『利休そして織部』（主婦の友社）
同年　久野治著『古田織部の世界』（鳥影社）
平成2年　桑田忠親著『古田織部の茶道』（講談社）
平成6年　久野治著『古田織部とその周辺』（星雲社）
平成6年　丸山幸太郎著『安土・桃山の茶道 古田織部』（本巣町）
平成11年　矢部良明著『古田織部—桃山文化を演出する』（角川書店）
平成15年　熊倉功夫著著『茶人と茶の湯の研究』（思文閣出版）

そのほか、織部展の開催時の図録出版では、次のものが参考となった。

平成9年　『岐阜県美術館開館15周年記念展織部』（岐阜県美術館刊）
平成25（2013）年　『特別展岐阜の茶の湯』（岐阜市歴史博物館刊）
同年　『第25回土岐市織部の日特別展　織部』（土岐市美濃陶

磁歴史館刊）

平成26年『大織部展 古田織部四〇〇年忌』（岐阜県現代陶芸美術館刊）

以上、織部の人生における謎の解明に努めて、私なりの解答をしたつもりである。なお、まだ多くの疑問がある。

例えば、織部は陶工たちと接触があったのか。岐阜県の旧土岐郡方面の関係者の意見は「ない」との回答である。

これについて、私は主に「八、実名を景安とし、重然に変えた理由は」で述べたように、陶工との接触・関係はあったとする立場である。「慶長十七年十一月二十二日の島津義弘宛織部消息」（国宝、東京大学史料編纂所蔵、大織部展展示）では、弟子上田宗箇が織部の名代となって、薩摩焼の指導を行っていることが判明している。

平成26年9月の大織部展の『図録』において「織部様式の誕生　その展開と意味について」を執筆された伊藤嘉章氏（注21）は、文末の「4織部を作らせたもの」において、「織部というやきものは、古田織部の名を冠したやきものである。（中略）そこに使われる喫茶の碗に求められるものは何かという点で、明確な意識を持った茶人の存在は不可欠であった」と述べている。

作らせた茶人、古田織部の存在なくして「織部」は誕生しなかった、とも受け止められる。今後、茶匠織部と瀬戸焼（美濃焼）織部の関係を示す史資料の発見、追究が求められている。

もう一つ挙げるとすると、加藤卓男氏が『日本のやきもの・美濃』（昭和61年・淡交社刊）や『やきものシルクロード』（平成元年・中日新聞社刊）で提示されたペルシャ陶器との関係（影響）について、関係なしとする学者の意見が強く、まだ追究がなされていない。

織部は茶会で「ルソン」皿など舶来品を使用している。弟子に博多の商人神谷宗湛、島田宗室、長崎の商人上田宗箇などがおり、海外からの古代ペルシャ陶器を入手して、陶工に釉薬調査をさせていてこそ、華やかで模様が多様な織部焼が生み出されたとみている。これも今後の追究課題である。

古田織部注記

注1　丸山幸太郎著「斎藤道三・明智光秀・織田信長の生涯と謎1」『岐阜女子大学地域文化研究三七号』（2020年刊）所収、丸山幸太郎著「斎藤道三・明智光秀・織田信長の生涯と謎2」『同右　三八号』（2021年刊）所収。

注2　「天正十八年十月榎戸村宛古田織部頭役儀免除状」大垣市榎戸若山光弘家蔵文書『岐阜県史史料編古代中世二』所収。

注3　「天正十八年十二月妙応寺宛田畠小作等申付古田織部頭許可状」関ケ原町今須妙応寺文書『岐阜県史史料編古代中世二』所収。

注4　「（永禄七年）七月二日国枝少兵衛古泰宛織田信長書状」池田町本郷国枝善樹家文書『岐阜県史史料編古代中世二』所収。現在池田町蔵。

注5　「天正四年山城国上久世庄御年貢算用状、古田左介下代木村竹右衛門尉発行」京都大学蔵東寺百合文書。

注6　『桑田忠親著作集第十巻』所収「摂津国東倉垣内西園郷三百貫匁」。

注7　「天正十六年二月十日丹波国船井郡新町百姓中宛古田織部景安諸役免除安堵状」『桑田忠親

著作集第十巻』所収。

注8　市野千鶴子校訂『古田織部茶書二』所収「織部茶会記」の慶長5年10月17日織部茶会『四祖伝書』による。

注9　前出『四祖伝書』慶長5年10月17日朝織部茶会の記に、「治少乱ニ（関ケ原合戦）古織殿へ新地拝領、大和井戸堂へ」と見える。

注10　『桑田忠親著作集第十巻』によれば、秀吉の手配により叙位任官を受け、「天正十三年七月従五位下織部正古田景安」と名乗った。

注11　『多治見市史窯業史料編』（1976年多治見市刊）第一号文書、「天正二年市左衛門尉宛織田信長朱印状」と正徳2年正月吉日の「付」による。

注12　久野治著『古田織部とその周辺』（1994年星雲社刊）に、加藤六陶祖の系図掲載。

注13　2014年、岐阜県現代陶磁資料館（多治見市）が古田織部400年忌として「大織部展」を開催。

注14　市野千鶴子校訂『古田織部茶書二』所収。

注15　『同右書』所収。

注16　矢部良明著『古田織部の正体』による。

注17　市野千鶴子校訂『古田織部茶書二』所収。

注18　2013年「第25回土岐市織部の日特別展」『図録』掲載、伊藤嘉章文。

注19　市野千鶴子校訂『古田織部茶書二』所収。

注20　市野千鶴子校訂『同右書』所収。

注21　この時期、伊藤嘉章氏は九州国立博物館副館長。

第五章

徳川家康の謎

はじめに

これまで、戦国美濃四武将（道三、光秀、信長、織部）の生涯と謎を追究してきた（注1）ので、1冊にまとめようとしていたところ、徳川家康も、戦国の世を終わらせて新時代創成を目指したことで共通点があり、しかも、関ケ原合戦で勝利して、それを実現した人物であり、合わせるべきとした。

徳川家康の生涯と謎については、既に小和田哲男氏が『駿府の大御所徳川家康』（注2）において、「徳川家康をめぐる謎」として50の謎を設定し、小和田氏なりの回答を述べている。小和田氏の謎は、「どうしてキリシタン弾圧をするようになったのか」のような日本史上の課題的なものがある一方、「築山殿は姉さん女房であったか」、「朝日姫との仲はどうであったか」、「側室は何人いたか」のような、庶民感覚から生まれる疑念も入っていて面白い。ところが、「関ケ原合戦で勝利できたのはどうしてか」といった点は謎にはしていない。

最近、渡邊大門氏は『誤解だらけの徳川家康』（注3）を出して、20の疑問を提示し、従来の説を誤解として自説を展開した。「第七章家康饗応事件は真実か」では、天正10（1582）年5月15日、安土城へ参上した家康に対し、接待役の光秀が悪臭を放つ料理を作って信長から接待役を免じられ、備中で戦っている羽柴秀吉の援軍となるという左遷説を否定し、毛利との戦いは重要だったので、最も信頼のできる光秀が命じられたのだとしている。興味深い意見である一方、また疑問も出てくるが、ここでは意見を述べることは控えよう。

家康の生涯における謎は、人によって見つめ方が違い、疑念や謎の設定に違いが出てくる。私にとって、家康についての最大の謎は「どうして関ケ原合戦に勝利できたのか」であるが、謎としていない人たちがいることに驚き、私なりの謎を設定したいと考えた。まず、家康の概歴を見よう。

徳川家康年譜

年号	月	事項
1542（天文11）年	12月	三河国岡崎城主松平広忠の子として誕生。幼名竹千代、母刈谷城主水野忠政の娘。
1545（天文14）年		3歳、母お大は忠政の子が織田方に付き離別。

年	月	事項
1548（天文17）年		6歳、今川に人質として送られる途中、三河田原城主戸田氏に奪われ、織田信秀に送られる。
1549（天文18）年		父広忠死去。今川義元は岡崎城を管理下に置き、安城城主織田信広を捕らえ、信秀と人質交換し、竹千代（家康）を駿府に住まわせる。
1555（弘治元）年		元服、義元の元の字を受けて元信と命名。今川氏の一族関口義広の娘（のち築山殿）と婚約。以後、人質ながら、岡崎城主として岡崎在城の武士団を率い、今川配下軍として参戦。翌年までに元康と改名。
1560（永禄3）年	5月	桶狭間の戦いで今川義元が信長に滅ぼされると、岡崎城に入って自立。
1561（永禄4）年		織田信長と和睦し、今川氏と離反。
1562（永禄5）年		築山殿および息子の信康を人質交換で駿府から岡崎城へ迎える。21歳。清洲で信長と会見。
1563（永禄6）年		家康と改名。三河一向一揆発生。
1564（永禄7）年		三河一向一揆は一向宗寺院の不入権をめぐる動乱。松平氏家臣を二分するも、和睦。吉田（豊橋）、田原両城を攻略し、支配下に。
1565（永禄8）年		本多作左衛門、高力与左衛門、天野三郎兵衛を奉行にして、三河の民政を任せる。
1566（永禄9）年	12月	徳川に改姓。
1567（永禄10）年		嫡子竹千代（信康）と信長の娘徳姫が結婚。
1568（永禄11）年	11月	遠江に出兵。
	12月	駿府に出兵。
1569（永禄12）年	5月	今川氏真の掛川城を落とし、遠江平定。

1570（元亀元）年		引間（浜松）に築城し、移る。岡崎は信康に。越前金ケ崎戦に出兵、いったん京へ退却。
	6月	姉川合戦で、浅井・朝倉両軍と戦い勝利。
1571（元亀2）年		武田氏が遠江、三河へ侵攻開始、戦う。
1572（元亀3）年	12月	北上する武田軍と合戦し、三方原で敗北し退却。
1573（天正元）年		信玄没するも、武田軍の侵攻は続き、遠江の高天神城を占領。
1575（天正3）年	5月	長篠の戦いで織田・徳川両軍は武田軍撃破。
1579（天正7）年	7月	信長が信康と築山殿の処刑を命じ、応じる。
1581（天正9）年		高天神城を奪取し、遠江全域を支配下に。
1582（天正10）年	6月	本能寺の変が起きた時、和泉国にいて引き上げる。
	7月	甲斐・信濃に出兵。北条氏と対陣し、和睦。甲斐・信濃の一部の支配権を得る。中央は羽柴秀吉が勢力を伸ばし、織田信雄と対立。信雄に味方する。
1584（天正12）年		尾張に出兵し、小牧山を本陣として、秀吉の大軍と対峙。小牧・長久手の戦いで善戦し、講和。
1586（天正14）年		秀吉は老母を岡崎へ送るのを条件に、家康を上洛させる。大坂城で臣従の礼をとることを受諾。家康正三位中納言に叙任。駿府に本拠を移し、以後、駿府、遠江、甲斐、信濃、三河の統治に努め、交通整備、産業振興、新田開発を推進。
1587（天正15）年		従二位権大納言に昇進。
1589（天正17）年～		領国に検地実施。農政の統一を図る。

年	月	事項
1590（天正18）年		年貢・夫役に関する7カ条を出す。後北条氏滅ぶ。秀吉が、家康に北条氏の旧領である伊豆、相模、武蔵、上野、上総、下総への転封を命じたのに従い、江戸を本拠とする。よって、領国高は250万石。
1592（文禄元）年		秀吉の朝鮮出兵に渡海しなかった（慶長3年も）。
1596（慶長元）年	5月	内大臣に任ぜられ、正二位に叙せられる。
1598（慶長3）年		秀吉政権の五大老・五奉行体制の大老の筆頭となり、秀吉に秀頼補佐を頼まれる。
	8月	秀吉死去後、家康の独断が専行し、石田三成らと対立。
1599（慶長4）年	閏3月	前田利家死去。加藤清正、福島正則ら7武将が石田三成を追撃。三成は家康のいる伏見城へ逃げ込む。この時、家康は三成を助けるが、三成は隠居の身となる。
1600（慶長5）年	6月初旬	上杉景勝が豊臣家への出仕を怠ったことから、謀反を企てているとして福島正則ら豊臣家の諸武将が会津に出兵。一方、三成は家康弾劾文を諸大名に送り、家康追討の挙兵を呼びかけた。
	9月	15日、美濃関ケ原において家康に味方する東軍と、三成に応じた西軍が合戦し、東軍が大勝利を収めた。戦後、大坂へ入城した家康は戦後処理に当たった。
1603（慶長8）年	2月	後陽成天皇から征夷大将軍に補任され、従一位右大臣に昇進。江戸幕府を開く。
	7月	家康の孫千姫が秀頼に嫁ぐ。
1605（慶長10）年		将軍職を秀忠に譲り、駿府に居住したが、自らは大御所と呼ばれて、政治の実権を振るう。
1613（慶長18）年	12月	家康側近の大久保忠隣（小田原城主）改易。
1614（慶長19）年	12月	大坂城攻めの軍勢を出して、大坂城の外堀埋めを行わせる。

1615（慶長20）年	5月	大坂城を攻め、秀頼母子を滅ぼし、豊臣家を消滅させる。
	7月	元和と改元。「武家諸法度」、「禁中並公家諸法度」を制定。
1616（元和2）年	4月	17日死去。享年75歳（満74）。

（注4）

家康の生涯概歴から、いくつかの謎が浮かんでくるが、そのうち、次の謎を取り上げよう。

一、三河一向一揆がどうして平定できたか。
二、信長からの信康、築山殿の処刑命令をどうして受け入れたのか。
三、関東への転封をどうして受け入れたか。
四、秀吉死去後、どうして専横行動をしたか。
五、関ケ原合戦でどうして大勝利できたか。
六、側近大久保忠隣をどうして改易したか。
七、大坂出兵をして豊臣氏を滅ぼしたわけ。
八、どうして元和と改元したのか。

一、三河一向一揆がどうして平定できたか（注5）

永禄6（1563）年は家康が22歳の時である。強力な一向一揆と対決するという苦境を体験している。

矢作川流域の三河西部では、浄土真宗の高田派が教線を拡大し、その教線は尾張、美濃、伊勢にも及んでいた。かつて蓮如はこの地方に入ると、針崎勝鬘寺（岡崎市）、野寺本證寺（安城市）、佐々木上宮寺（岡崎市）の中核寺院を本願寺派に転じさせ、本願寺一門の土呂本宗寺（岡崎市）を頂点とする強大な三河教団が出来上がった。16世紀半ばには、検断不入権を含む「大坂並」の特権を承認された寺内町が形成されていた。

特権を得たのは、永正3（1506）年から同6年の今川氏の侵入を撃退した一揆によるとされている。家康との対立が発生したのは、本證寺内でのけんかを処理する際の不入侵害など、家康家臣の不入侵害に抗議する蜂起がきっかけであった。一揆を起こしたのは各寺院にこもった本願寺派の坊主と門徒であるが、それに、国人衆の荒川氏、吉良氏、酒井氏、松平氏らが味方したのである。もちろん、本多氏、石川氏、鳥居氏ら多くの有力武士は家康に味方した。しかし、家臣が分裂したまま戦闘に入ることになった。

戦闘は永禄6年10月から始まり、上野城の酒井忠尚による家康の岡崎城攻めもあったが、全体に一揆側は劣勢であった。やがて、一揆勢のうち門徒武士らが和議を進め、一揆参加者らの赦免（しゃめん）、一揆張本人の助命、寺内を従来通り維持することを条件として、翌7年2月28日、和議は成立した。和議は成立したが、張本人であった本多正信、鳥居忠広や、対決した国人宗の多くは国外に退去した。家康の改宗命令を拒否した坊主衆も、寺を破壊されて国外に退去した（注6）。

家康は一揆勢との戦闘で多くの家臣を失ったが、和議に応じた。家康にとって大きな軍事的危機ではあったが、一揆を鎮圧平定することができた。それだけではなく、寺領荘園の不入権撤廃を実現し、武家統治が三河全域に浸透する基礎を固めることができた。20歳そこそこの若さであるが、危機を乗り切ったのである。

この和議は張本人の助命、寺内維持、一揆参加者の赦免と一見、一揆側の主張を大幅に認めるものであったが、家康は応じた。どうしてそうしたのか。それには、いくつかの配慮があったと思われる。

武田など国外勢力の攻略が近づいていたことから、家臣団の早期の団結が求められており、一揆処断で血を流し、恨みを残すことを避けたのであろう。一揆に付いた家臣の復帰は進んで行った。

和議条件の一つ「寺内を従来通り維持」について、家康は和議成立後に「従来」を「寺内形成以前」と勝手な解釈を押し付け、一揆拠点の寺院のみ破却したのである。一向坊主衆にとってはしてやられたこととなり、西三河においては天正11（1583）年の還住許可まで本願寺派寺院は一掃され、一向一揆の心配はなくなった。以後繰り返すことになる家康の狡猾（こうかつ）な対処の嚆矢（こうし）であった（注7）。

この一向一揆は、勢いを持った本願寺派寺院の坊主衆が従来の既得権が侵害されたのに反発し、国人（地侍）衆を味方に付けて仕掛けた戦闘であった。元々家康に臣従していた武家衆にとっては意義を見出し難い戦いであった。戦国大名として上り坂の家康軍の勝利は武家支配の徹底を阻む寺領荘園体制を崩壊させ、新しい時代をつくる契機となった（注8）。

二、信長からの信康、築山殿の処刑命令をどうして受け入れたのか

永禄5（1562）年1月、信長は家康と同盟を結び、翌6年3月、娘徳姫を家康の嫡男竹千代（信康）と婚約させた。2人は同10年5月に結婚し、徳姫は徳川家へ入輿した。

ところが、天正7（1579）年7月、信長は徳姫の婿信康と姑築山殿の処刑を求めた（最近信長は求めていない説が出る）。これは、徳姫が父信長に宛てた「十二カ条」の報告によるとされている。内容は今もって不明である。家康38歳の時に襲った事件である。結果として、家康は築山殿を遠州へ流すとして、その途次殺害したという（最近築山殿自殺説が出る）。信康は二俣城で切腹させた。

どうしてこの悲劇が起きたのか。表向きの理由は築山殿と信康が武田と通じていたからとされたが、次の3説が出ている。

①信長が自分の男子信忠らに比べて信康が優秀であったので、将来を心配し、殺害に及んだ。
②信康は暴虐なところがあり、徳川家の中で信頼を失っていた。

③築山殿と徳姫は不仲で、徳姫周辺（付添女たち）の語る姑築山殿への悪口が十二カ条に盛られていたから。

徳姫が信康に嫁いで11年目である。２人の間に子はなく、仲の良い夫婦ではなかったようである。もし①であれば、徳姫は信康を愛し、こうした結果とはならなかったであろう。②は家康の立場を正当化する後世の説であろうとされるが、信康には若気の至りのいくつかの乱暴事件があったようで、徳姫との信頼関係を失っていたと思われる。③は築山殿にとって、徳姫は自分の出身地駿河の今川一族を滅ぼした織田信長家の者であり、親愛関係を結ぶことができなかった。よって、嫁から自らと息子を破滅させる告げ口の十二カ条を書き送られることとなったとみる。

家康にとって、築山殿は信康、亀姫、督姫の母であり、殺害したくはなかった。しかし、当時は織田信長の勢力下にあって、やむなく信長の命に従った。徳川家が生きるために、妻と嫡男を犠牲にした悲劇であったとみる（注９）。

三、関東への転封をどうして受け入れたか

天正10（1582）年6月、本能寺の変で信長が没した直後、家康は関東の雄北条氏と対陣するが、和睦して、翌11年8月、次女督姫を北条氏直に嫁がせた。天正12年3月、家康は織田信雄の依頼に応え、秀吉の大軍と小牧で対峙し、4月に長久手の戦いで勝利を収めた。秀吉は信雄と和睦を結んで、小牧・長久手の戦いを収めた。家康は次男於義伊丸（秀康）を秀吉に養子入りさせて講和した。天正14年5月、秀吉は妹朝日姫を離婚させ、家康の元へ正室として嫁がせた。さらに、母も家康の元へ送った。よって12月、家康は秀吉の要請に応え、大坂城に出向き、臣下の礼をとった。

天正18年2月、秀吉の命に応じず、大坂へ来ない北条氏直を攻めるため、大軍をもって北条氏の本拠小田原を攻める合戦を起こした。氏直は娘督姫の嫁ぎ先であり、家康は説得に努めたが、氏直は秀吉との対陣を決めた。家康はやむなく、秀吉の大軍が通過しやすいよう道中の城に兵糧を蓄えて協力した。結果は秀吉軍の大勝利であり、これで秀吉の天下統一への道筋は確実となった。

問題はこの後の、功労者である家康への処遇であった。秀吉は家康に関東への移封を命じたのである。

家康と家臣団は旧領の三河、遠江、駿河、甲斐、信濃から離れ、北条氏の旧領であった関東の武蔵、伊豆、相模、上野、下野を所領とすることとなった。出身地である本拠地三河と、苦労して分国とした周辺の諸国を明け渡して、小田原合戦で敵地であった関東の地へ乗り込むことは、勇気のいることであったに違いない。家康の家臣たちにとっても受け入れ難いことであった。しかし、家康はそれを受け入れた(注10)。

家康の所領の5カ国は、初め織田信雄に与えられた。しかし、信雄は父祖の地尾張から離れることはできないとして拒み続け、改易されてしまった。秀吉の命に背くことは許されぬことであった。よって、家康の旧領地には秀吉譜代の次の諸将が配された。

岡崎城・田中吉政、清洲城・小早川隆景、吉田城・池田輝政、駿府城・中村一氏、浜松城・堀尾吉晴、横須賀城・渡瀬繁詮

家康は秀吉の厳しい処置を受け入れ、江戸に拠点を移した。この家康の判断に

は、いくつかの理由があったとみる。

秀吉の命には背けなかった。というより、唯々諾々と従った方が、秀吉の信頼をより高めると考えた。そして、改易とはいえ、所領高は250万石以上と、秀吉政権下では最高となり、政権内の地位は確固たるものとなる。さらに、秀吉政権の本拠である大坂・京都から一層離れ、江戸を本拠に東国全体を掌握して、政権に圧力をかけることができるという将来を見越した戦略である。

実際に、家康は秀吉の執奏を得て、天正15年に従二位権大納言になっていたが、慶長元（1596）年には正二位内大臣に任官された。家康の位階を越えて関白となった秀次が文禄4年に自刃に追い込まれたので、太政大臣秀吉の配下では最高位であった。

四、秀吉死去後、どうして専横行動をしたか

天正19（1591）年12月、秀吉は関白職を甥の秀次に譲って、伏見に隠居所を造ろうと普請を始めた。以後、慶長3（1598）年に死去するまでに次のような展開があって、豊臣政権の維持存続体制が固められた。

文禄2（1593）年8月、秀頼誕生。

文禄3年、伏見城を建造し、政庁とする。

文禄5（慶長元）年閏7月、地震で伏見城倒壊。同年、木幡山に伏見城建造。

文禄4年7月、関白秀次が謀反の嫌疑で追放され、高野山で自刃。妻妾、子女、側近らは三条河原で斬首。

同年7月、徳川家康、毛利輝元、小早川隆景は連署の起請文作成を求められ、提出した。その内容は次の通り。
①秀頼を盛り立てる。
②諸事について秀吉の定めた法度を守る。
③東国方面は家康、西国方面は輝元と隆景に任せる。
④下国する時は、家康と輝元が交代で暇をとる。
慶長3年8月5日、五大老・五奉行体制が整う。「御掟」に署名した6人中、小早川隆景が慶長2年に死去したので、大老は5人となった。五奉行は前田玄以、浅野長政、石田三成、増田長盛、長束正家の5人。

「御掟」、「御掟追加」やいくつかの「起請文」、秀吉遺言の中では、次の条項が注目される。

「御掟」

第1条　諸大名の婚姻は、御意（秀吉）を得て行う。

第2条　諸大名が誓詞を交わすことを禁じる。

「御掟追加」

第8条　五奉行は（豊臣家）蔵入地などの算用。

第9条　何事も家康、利家の御意を得て行う。

第10条　家康は伏見で政務を執る。

第11条　利家は大坂城で秀頼を補佐する。

以上から、秀吉は自分亡き後、秀頼が成長するまでは、家康と利家の2人に政権の最終決定権を委ねたことがうかがわれる（注11）。

さて、秀吉は慶長3年8月18日、死没した。享年63であった。9月3日、五大老・五奉行連署の起請文が作成された。それには「諸事御仕置は十人之衆中多分に付」とある。家康と利家が最終決定する条項は消えてしまった。三成の画策だろうとされている。家康にとっては不本意であったが、重要な任務があった。行き詰まっていた朝鮮侵攻軍の撤収であった。朝鮮側の反撃が厳しく、困難を極めたが、3年の年末までに諸軍の撤収を終えることができた。

慶長4年正月19日、家康以外の四大老・五奉行が家康に対し、「御掟」にある「諸大名の婚儀は御意を得て行う」に背いているとして抗議をした。家康は六男忠輝の嫁に伊達政宗の長女を迎えることと、福島正則の息子正之と蜂須賀家政の息子豊雄に、それぞれ養女を嫁がせることを約束していたのである。家康はこの抗議に対し、「今後合議裁可を尊重する」として恭順の姿勢を見せ、一応収めたが、婚約解消はしなかった。

秀吉亡き後、まだ幼少（7歳）の秀頼に代わって最終決断をするのは、自分と利家とされていたのを、勝手に合議制に変更されたことに納得していなかったのであろう（注12）。

慶長4年閏3月3日、五大老中、自分と同様に重んじられていた利家が大坂城の自邸で死去した。利家は秀頼の後見役として、重要事項の決定について相談を受ける立場にいた。その利家がいなくなったので、家康が最終決定者として諸事項を決めていくことになったのであり、家康にとって何事も専横ではなかったのである。家康は秀吉が決めていたように　伏見城西の丸に入り、政務を執ることとしたので、政治的立場は一挙に強くなり、三成ら奉行連中からは独断専横と受け取られることが相次いだ。

五、関ケ原合戦でどうして大勝利できたか

関ケ原合戦は美濃国不破郡関ケ原を舞台にした政権掌握を懸けた大合戦であった。軍勢の配置は地形的に見て、また配置から見て、石田三成が呼び掛けた諸大名で構成する西軍側が圧倒的に有利で、万全に見えるものであった。それなのに、家康方の大勝利で終わった。大きな謎と言えよう。

その関ケ原合戦は誰が起こしたか。言うまでもなく徳川家康であった。石田三成の呼び掛けに応じた相手方の武将が多勢となるほど、勝利後、敗者から没収する所領が多くなり、味方の武将たちへの分配に都合が良いというところまで見越していたかもしれない。

ではまず、関ケ原合戦に至る過程での、家康の行動と三成方の対応を見よう。

関ケ原での合戦に至る過程

武功派を味方に付ける

家康は豊臣政権内に味方をつくり、勢力の分断を図った。秀吉が慶長3（1598）年8月18日に死没すると、政略結婚を独断で次々に進めた。先記の忠輝と伊達政宗の長女の婚約などである。

翌4年正月、石田三成ら五奉行は、前田利家ら四大老と共に詰問しようとした。この時、家康は豊臣政権における三成などの吏僚派と、福島正則、加藤清正らの武功派との対立を利用した。この両者は、朝鮮侵攻時の後方支援問題、戦後の功績評価において、三成讒言（ざんげん）（主君秀吉に諸武将のことを悪く告げ口）疑惑などで対立していた。

家康は武功派の諸将を集めて伏見城を守護させた。伏見城に集結した大軍勢をバックに、家康は三成らが主張する政略結婚合議の裁可を一応受け入れ尊重するという和解策をとった。三成らはさらに問い詰めたかったが、武功派の大軍勢の圧力に気圧され、強く詰問できなかった。先記のように、その後、家康は政略結婚を白紙に戻すことはなかった。

武功派諸将から恫喝(どうかつ)され伏見城に逃げた三成を助ける

慶長4年閏3月、吏僚派と武功派の対立の仲裁役であった前田利家が没すると、加藤清正、加藤嘉明、池田輝政、浅野幸長、福島正則、黒田長政、細川忠興ら武功派の面々が三成の大坂邸に押し掛けたのである。目的は三成抹殺であったとよく言われるが、果たしてどうであろうか。積年の不満をぶち上げ、奉行職罷免を求めようとしたのではないかと言う人がいる。結果から見ると、うなずきやすい説である。

ところで、武功派諸将の押し掛けを受けた三成は身の危険を感じ、伏見城の自邸へ逃げ込んでいる。伏見城は奉行の一人前田玄以が守っていて、武功派諸将は入れない。そのため、伏見の自邸にいた家康に三成糾弾への協力を求めた。

家康は三成に対し、奉行職を罷免し、佐和山城に蟄居させるという裁定をした。よって、三成は政界から身を引き、武功派の怒りや不満はひとまず収まった。家康は伏見邸から出て、伏見城西の丸に移り、自分の思うままに政務を執った。

家康暗殺計画をでっち上げ、政局を手中に

慶長4年9月、北政所（秀吉正室、高台院）が大坂城西の丸を出て京都に隠棲したので、家康は空いた西の丸に入り、秀頼後見人という立場を明確にしようとした。9月9日の重陽の節句に秀頼に祝意を表すためであった。この時、登城の際に家康暗殺計画が露見したと主張した。

前田利長を首謀者とし、浅野長政（五奉行の一人）、大野治長（秀頼側近、秀頼実父か）、土方雄久（秀頼側近）らが共謀して討とうとしていたという話である。明らかにでっち上げであるが、大野、土方は常陸に流し、浅野は本領の甲斐に蟄居とした。利長は家老を家康の元へ派遣して弁明に努め、さらに母を人質として江戸へ送った。こうして五大老の一人前田利長は実質、家康の幕下に入った。

会津の上杉征討を企てる

慶長5年正月1日、家康は諸大名に対し、本丸の秀頼への新年のあいさつを求めた。大老上杉景勝は慶長4年8月に新領地の会津（陸奥国、福島県）の領国経営のために帰国して、諸城修築、道路や橋梁の整備に忙しく、出席しなかった。

この景勝の行動を「謀反・異心」の動きとして、密偵たちに報告させた。4月1日、景勝弾劾状が上杉家へ届くと、家老直江兼続による挑戦的な返書が送られてきた。家康は激怒し、上杉征伐のために、諸将に出陣命令を発した。

家康は6月6日、諸将を大坂城に集めて、会津遠征の部署を決定。6月16日、家康は大坂を出陣した。出陣に際し、秀頼にあいさつをすると、秀頼から激励と黄金1万両、米2万石を受領した。このことは、豊臣恩顧の諸将動員に役立った。

7月7日、東下した諸将を江戸城に召集し、会津出陣の期日を7月21日と定めた。徳川秀忠率いる前軍に続き、21日に家康は江戸城を出陣し、宇都宮に至った。この時、上方から待ち望んだ石田三成呼び掛けの西軍出陣の報が届いた。

24日、家康は小山（下野国）に着き、翌25日に諸将を集めて評定（軍議）を開いた。この軍議の前に、家康は黒田長政と密談し、長政が豊臣恩顧大名の代表である福島正則を説得し、正則に反転西上を全諸将に呼び掛けさせることとした。

家康は「大坂城下の妻子が心配であろうから、どちら側に付くかはそれぞれで決めてくれ」と発言したとされている。その後、福島正則が「三成こそ秀頼公を危うくする奸佞（かんねい）の臣だ。妻子を捨ててでも討ち果たす」と述べたとされている。

福島正則は三成打倒の急先鋒であったので、三成が人質にとっているであろう大坂城下の妻子がどうなろうとやむを得ない。反転西上し、三成側の軍と戦い、討滅しようと呼び掛けた。これに黒田長政、徳永寿昌、池田輝政、浅野幸長らが賛成の声を上げ、秀吉恩顧の大名連中をはじめ、大半の武将は応じて反転西上した。

家康は上杉への備えや、去就を決めていない常陸の佐竹義宣への対応をしたが、すぐには西上しなかった。8月5日、江戸城に帰った家康が3万2千の兵を率いて江戸を出馬したのは9月1日だった。

25日間、情勢をうかがいつつ、全国の諸将に書簡を送り続けるか、密使を派遣して、味方になるのを促す外交作戦を展開していたと思われる。家康が諸将に出した書状は、分かっているだけでも150通を超え、黒田長政らの謀略にかかる密書類も多くの諸将に送られた。一方、三成側が発する密書類も全国の諸将に送られ、外交策、謀略が両者の間で激しく展開された。

関ケ原合戦に至る前に三成が取った行動

三成は家康らが会津征伐で上方を留守にしたのを好機として、家康討滅戦略を展開した。慶長5年7月2日、会津征伐に参戦するため出陣した越前敦賀城主大谷吉継は、佐和山城で三成と会談した。この際、三成は親友吉継に家康打倒を訴えた。

吉継は現在の家康の勢力に対抗することは無理だと説得したが、三成は引き下がらなかった。率いた軍を美濃垂井にとどめていた吉継は考えあぐねていたが、親友を見捨てることはできないとして、11日に再び佐和山城を訪ね、決意を伝えて共に戦略を練った。

7月12日には、佐和山城において、三成、吉継のほか増田長盛（三奉行の一人、大和郡山城主）、安国寺恵瓊（伊予の領主）の4人による軍略会議が開かれた。決まったことは、前田玄以、増田長盛、長束正家の豊臣政権三奉行による檄文作成と発送。三成の兄正澄を愛知川に派遣して、会津征伐へ向かう西国諸将の軍を引き留め、味方にすること。岐阜城主織田秀信を秀頼の後援者にすること。京坂の諸将の妻子を人質にすることであった。

7月12日、三奉行による家康弾劾と討滅出陣を促す檄文が作成され、毛利輝元ら諸将に送られた。7月17日、「内府（家康）ちか（違）ひの条々」と題した内府ちがひの13カ条の条文が作成された。この条文に三奉行のほか石田三成、宇喜多秀家、毛利輝元が連署したものが、前田利長などに発送された。檄文に応じて、大坂城へ次の諸将が集まった。

毛利輝元、宇喜多秀家、島津義弘、小西行長、秋月頼房、鍋島勝茂、立花宗茂、生駒親正、相楽頼房、長宗我部盛親、蜂須賀家政、脇坂安治、安国寺恵瓊ほか。西軍の結成であった。兵数は合わせて9万人を越えた。しかし、島津義弘をはじめ、西軍として参戦することに積極的になれず、家康に内通している者もいた。

三成指揮の西軍の東進・美濃配陣

伏見城攻め

伏見城は、家康の命を受けた鳥居元忠が留守居役として守っていた。7月19日、西軍は開城を要求したが、元忠は拒否し、わずか1８００人の軍勢で、小早川秀秋、宇喜多秀家、島津義弘、毛利秀元ら合わせて4万の大軍に激しく抗戦した。7月25日、内通者が城内に放火した上、城壁を50メートル壊して逃亡し、8月1日に落城した。西軍にとって、予想外に手間取った伏見城陥落であった。

大津城攻め

大津城主京極高次は、西軍の将として加賀方面へ出兵したが、突然大津城へ戻り、籠城態勢を整えた。兵力は3千人で、毛利元康、立花宗茂ら1万5千の西軍に抗戦した。守りは堅く、西軍は外堀を埋め、三の丸に入った。攻め入りから8日目の9月14日に仲裁が入り、ようやく和睦開城となった。この大津城攻めも、西軍にとって大きな誤算であった。なお、京極高次の西軍からの離反には、北政所が親しかった秀吉側室松の丸（高次妹）に指示し、兄高次を動かしたとされている。

大坂方面の諸将妻子の人質戦略

家康討滅の呼び掛けをした三成は、上杉征伐出軍中の妻子を人質に取る作戦を企てた。ところが、細川忠興の妻ガラシャ夫人（明智光秀娘珠）が屋敷に火を放ち、キリシタン故に自殺できないため、家臣に自分を斬るよう命じて自刃するという壮絶な最期を遂げたことに驚き、人質作戦を中止した。

三成の美濃進出

石田三成は伊勢路、丹後、北陸各方面それぞれに進攻の軍勢を出発させて、8月9日、佐和山城を出た。翌10日、大垣城に入って、西軍全体を指揮する本部とした。大垣城は伊藤彦兵衛が城主をしていたが、明け渡させての入城であった。三成は当初、尾張・三河国境を最前線としようとしたが、8月の初めには、清洲に帰城した福島正則の元へ、東軍の諸将が次々と集結していた。木曽川左岸の犬山城（城主石川貞清、12万石）の元へ、稲葉貞通、加藤貞泰、竹中重門が守備軍として配置されていたが、家康の外交戦略に応えて離反し、それぞれ帰城して東軍に参加した。

よって、三成は木曽川で東軍の進撃を止めようと、岐阜城主織田秀信を主として、鉈尾山城主佐藤方政らを配した。8月21日、左岸の河田付近に集結した東軍は池田輝政、浅野幸長、山内一豊、有馬豊氏、戸川達安、一柳直盛ら1万8千人であった。それに対した織田秀信軍は総勢9千人であった。激戦が展開されたが、多勢の東軍は米野の戦いで秀信軍を破った。秀信は退却して岐阜城に籠城した。新加納の佐藤方政も敗北した。杉浦五郎左衛門が城主の竹ケ鼻城も降伏の勧めを拒絶して、激戦の後、陥落した。城主は城に火を放っての自害だったという。23日には、岐阜城も陥落した。

この木曽川を最前線とした戦いに、三成は西後方の合渡（長良川右岸）と沢渡（揖斐川右岸）に軍を配置していて、織田秀信、佐藤方政、杉浦五郎左衛門には援軍を配置しなかった。次々と報じられる敗戦の報に、味方の戦意が落ちることへの配慮が足りないのに驚く。おそらく、家康本隊との合戦に備え、戦力を保持しておきたかったのだろう。

家康の西進・美濃配陣

大垣岡山に配陣

小山会議で三成討滅軍を発進させることに成功した家康は、8月5日に江戸へ帰城したが、西進の途についたのは9月1日であった。この間、先記のように、諸将を味方に付けるために書状を送る外交・謀略作戦を展開していたが、それだけではなかった。先発隊として西進している豊臣恩顧の諸将の決意が本物かどうか、確認と意思固めを図っていたようである。そのために、それぞれへ書状を発信し、意思確認をしている。

8月20日、清洲城において、福島ら先発の諸将は軍議を開いた。それは、その前日の19日、ようやく家康からの使者が来て、「諸将がいまだ戦端を開かないのは何故か。各方が敵を攻める戦いをしていれば、内府殿は御出馬されるであろう」と伝えたのを受けたものであった。

それまで家康の指示を待っていた先発の諸将は、木曽川渡河の配置を決めて、美濃へ進軍した。そして、先記のような米野合戦、竹ケ鼻城陥落、岐阜城陥落へと続くのである。岐阜城陥落は8月23日で、その後、先発の諸将は大垣城へは向かわず、大垣城を見下ろす位置にある赤坂に着陣し、家康本隊の陣所を赤坂の南の岡山に設置する作業を始めた。

岡山は東南に大垣城を見下ろす位置にあった。9月13日、岐阜に着いた家康は翌14日、旧東山道街道を西進し、岡山の本陣に入った。家康本軍が到着したことを知った大垣城内外の西軍諸将や軍兵は動揺し、戦意は著しく低下したという。旗差し物が続々と本陣を取り囲むように立ち並び、大軍の気配が岡山にみなぎったに違いない（注13）。

杭瀬川の戦い

西軍の島津義弘は、長い旅程で疲労している家康軍を突くべきと、大垣城内の軍議で提案した。三成は島左近に500の兵を付けて杭瀬川へ進軍させ、家康の本陣に近づいて砲火を浴びせた。本陣前の東軍の中村一栄と有馬豊氏はその進撃に反応して対戦した。すると、島左近の軍は直ちに退却、中村・有馬の軍勢は追撃したところ、潜んでいた宇喜多秀家の軍勢が両側から退路を断って、追撃軍を壊滅させた。これが家康の目前で展開された杭瀬川の戦いで、西軍唯一の勝利戦となった。

決戦前夜の両軍

家康は、三成をはじめとする西軍の諸将がこもる大垣城を攻めるのは犠牲が大きいので、城から出させて野戦となるように図り、「近江佐和山城を抜いて大坂に進軍する」とデマを流した。島津義弘は先記のように、軍議でさらに強く夜襲を提案した。家康本体に疲労回復の時間を与えず夜襲をかけることが必勝につながると訴えたのである。しかし、三成は受け入れず、大垣から南宮山の東南峰象鼻山麓経由で牧田川沿いを西進し、烏頭坂から関ケ原へ向かうこととした。信頼する大谷吉継らを配する関ケ原を迎撃決戦場とすることは、戦略に入っていたことであろう。家康が流した「大垣城放置、佐和山城陥落、大坂進軍」の流言も、この決定に影響を与えたと思われる。

関ケ原へ向かう進路としては垂井経由が最短であるが、家康本軍と東軍諸軍が赤坂、昼飯、青墓辺りに陣を張っていて、無事の通過は無理としたのであろう。牧田川沿いの道は関ケ原まで四里以上（17キロメートル）あり、軍兵の疲労度は高いが、やむを得なかった。午後7時頃から、雨の中を静かに進軍した。途中の小憩を入れて5時間以上を要したに違いない。

この様子は直ちに家康の耳に入ったが、その日、家康本軍は岐阜から20キロメートル以上進軍しており、軍兵の疲労回復を図って、深夜まで休ませていた。

西軍が関ケ原に着陣したのは、深夜の午前0時から1時頃であった。かなり疲労しているが、馬防柵設置（あるいは増築）などの陣造りと食事に時間を要した。

おそらく、休息は2時間程度であった。ただし、朝食は雨後であり、冷たい非常食であったに違いない。

一方、東軍の出発は朝方の午前4時から5時頃までの間であった。行程は青墓、平尾、垂井、野上を経ての8〜9キロメートルの道であった。しっかり朝食を取って進軍し、所要時間は2時間余りであった。東軍は軍議によってそれぞれの位置に着いたが、西軍のような大規模な土木工事による馬防柵造りはしなかった。そのことは合戦絵図からうかがえる。

ここに、両軍の間に軍兵の疲労度の上で大きな差がついていた。合戦は命を懸けて戦うものであり、開戦から2〜3時間は全力で互角に戦闘していても、やがて疲労度が高い者は戦意に衰えが出て、気力に陰りを見せたことも、勝敗に影響を与えたであろう。この両軍の疲労度の違いは、従来、誰も言及していない。

関ケ原合戦（決戦）

午前8時に始まった合戦は、午前中は両軍ほぼ互角の戦いであったという。その中で、笹尾山に陣を張る三成軍は黒田長政、竹中重門、加藤貞泰、細川忠興、筒井定次、田中吉政の多勢の軍を相手に、単独で戦うことを余儀なくされた。おそらく、三成軍の旗を見て、多くの軍勢が笹尾山麓に配置されたのであろう。西隣の島津軍は1600人ほどの小規模軍であり、長期戦には耐えない。討って出る機会をうかがうほかはなかった(注14)。

三成は苦戦のあまり島津軍に出撃を促したが、応じなかった。大垣城での軍議で、「長い軍旅で疲れている家康本軍に夜襲を掛ければ必勝」と強く提案したにもかかわらず、受け入れなかった三成に対し、要請を受け入れる気をなくしていたこともあろう。三成軍は地の利を生かして善戦したが、勇猛な島左近ら主力の軍兵を多く失っていた。

西軍の予想外の善戦に、家康は午前11時、桃配山から下り、本陣を前線の陣場野へ移動した。これは、東軍を勢いづかせることになるが、戦局は一進一退の乱闘戦であった。当時、実際に戦っていたのは、西軍では石田三成軍のほか、宇喜多秀家、小西行長、平塚為広の軍勢合わせて3万5千ほどであった。攻める東軍は6万を超えていた。いかに、西軍が善戦していたかがうかがわれる。

正午から始まった松尾山の小早川秀秋軍(2万5千人)の反乱に、麓の赤座、小川、朽木、脇坂の諸隊が同調し、大谷吉継軍を襲撃した。大谷軍を援護した平塚為広、戸田重政らの軍は、大谷軍とともに壊滅した。反乱軍はさらに、宇喜多秀家、小西行長の軍に横から攻め掛かり、ついに西軍は崩壊し、敗走した。

島津軍はこの敗戦を目前にして、敵中突破を強行し、家康本陣を目指して突進した。勝利したことを確信して、喜びに浸りかけていた家康を囲む本陣周辺は、その勢いに気押された。わずか1600人ほどの島津軍は見る間に減り、残された軍勢も追撃軍と戦いながら南方へ走った。烏頭坂で、島津軍の勇将島津豊久はわずかな手兵をもって、追撃の軍勢を一時食い止め、壮絶な戦死を遂げた。島津義弘を守る80余人は追撃を逃れ、多良、時（大垣市上石津町）から五僧峠、多賀を経て、水口へ出たという。この退路には牧田、勢至、津屋、駒野、関、水口説が出ている。その退路をとった一隊があったかもしれない（注15）。

関ケ原合戦で家康指揮の東軍がどうして勝利したか

関ケ原における合戦は東軍勝利で終わった。その勝利は、小早川秀秋の反乱によってもたらされたといわれてきた。しかし、反乱がなくても東軍は勝利したとみるべきであろう。その理由としては、合戦を前に、諸将を味方に付けるための外交作戦を展開したことが第一に挙げられる。

小早川秀秋については本人だけでなく、稲葉正成など重臣にまで、そのような手配をしていた。それぞれの武将が確実に味方に付いてくれるように細かい戦略を打っていた。

戦術面では、南宮山の西軍大将の毛利秀元軍1万5千の出動を吉川広家が抑えたことが大きい。

関ケ原の西方に位置する南宮山には、毛利1万5千の大軍を配陣していた。もし、毛利軍が降りて西進し、東軍の背後を突けば、東軍は混乱し、勝利は困難であったかもしれない。この毛利の大軍の出動を抑えていたのは、毛利一族の吉川広家軍4200人である。東隣に三成に味方する1800人の安国寺恵瓊軍がいた。吉川は家康の時代が来ると見込み、家康に通じていて、必死にこの両軍の出動を抑えていた。

家康は、毛利軍の前に池田輝政軍（4500）と浅野幸長軍（6500）を置いていた。若干の鉄砲の応酬はあったが、よくぞ長時間にわたり出動を抑制できたと感嘆せざるを得ない。敗戦の報に、毛利軍は進軍してきた行程を退却した。
そして、これは客観的な要因だが、実際に戦っている軍勢は、東軍が圧倒的に多かった。

関ケ原合戦で、午前中は東西両軍互角で、西軍はよく善戦していたといわれてきたが、実際は、西軍は最初から戦力的に劣っていたと見る。関ケ原で戦った東西の軍勢は次のようである。

西軍

石田三成	6000人
島津義弘・島津豊久	1600
宇喜多秀家	17000
小西行長	6000
大谷吉継・木下頼継	1700

東軍

徳川家康	30000人
福島正則	6000
松平忠吉	3000
井伊直政	3600
京極高知	3000
藤堂高虎	2400
寺沢広高	2400

平塚為広	660
戸田重政「　」	
毛利秀元	15000
小早川秀秋	25000
合計	72960人

黒田長政	5400
竹中重門「　」	
加藤貞泰	1200
細川忠興	5400
加藤嘉明	3000
筒井定次	2800
田中吉政	3000
古田重勝	1000
織田長益	500
金森長近	1100
生駒一正	1800
合計	75600人

西軍に属していた南宮山の毛利軍1万5千、途中から反乱軍となる松尾山の小早川軍2万5千を合わせれば西軍は7万を超える。しかし、宇喜多反乱まで関ケ原で実際に対戦していたのは、西軍は石田・島津・宇喜多・小西・大谷・木下・平塚・戸田の合計3万2960人に対し、東軍は福島軍をはじめ合計7万5600人であり、東軍は倍以上である。必死に戦闘していた西軍も、味方の戦死者が相次ぎ、時が経つにつれ、さらに形勢は悪化していったとみるべきであろう。

先記のように、西軍は前夜に雨の中、東軍の倍ほどの道程を歩き、さらに馬防柵などの土木作業をして、休息時間がわずかであったため、軍兵の疲労度が高かった。4時間ほどの戦闘で、体力、気力の限界にきていた。

小早川秀秋の反乱は西軍敗戦のきっかけとなったが、西軍は既に崩壊寸前であったと見るべきであろう。

関ケ原合戦の意義とは

関ケ原合戦で勝利し、政権を掌握した家康は、新たな所領配置を行い、強力な支配体制を構築して江戸に徳川幕府を開いた。以後２６０年間、天草の乱以外に多くの死傷者を出す争乱はなかった。ところが、明治維新後は多くの激動期があり、相次ぐ戦争で多くの命が失われ、関係国に多大な迷惑を掛けた。

この４２０余年の我が国の歴史を振り返ると、関ケ原合戦がもたらした最大の意義は、長期平穏時代の創出と言えよう。

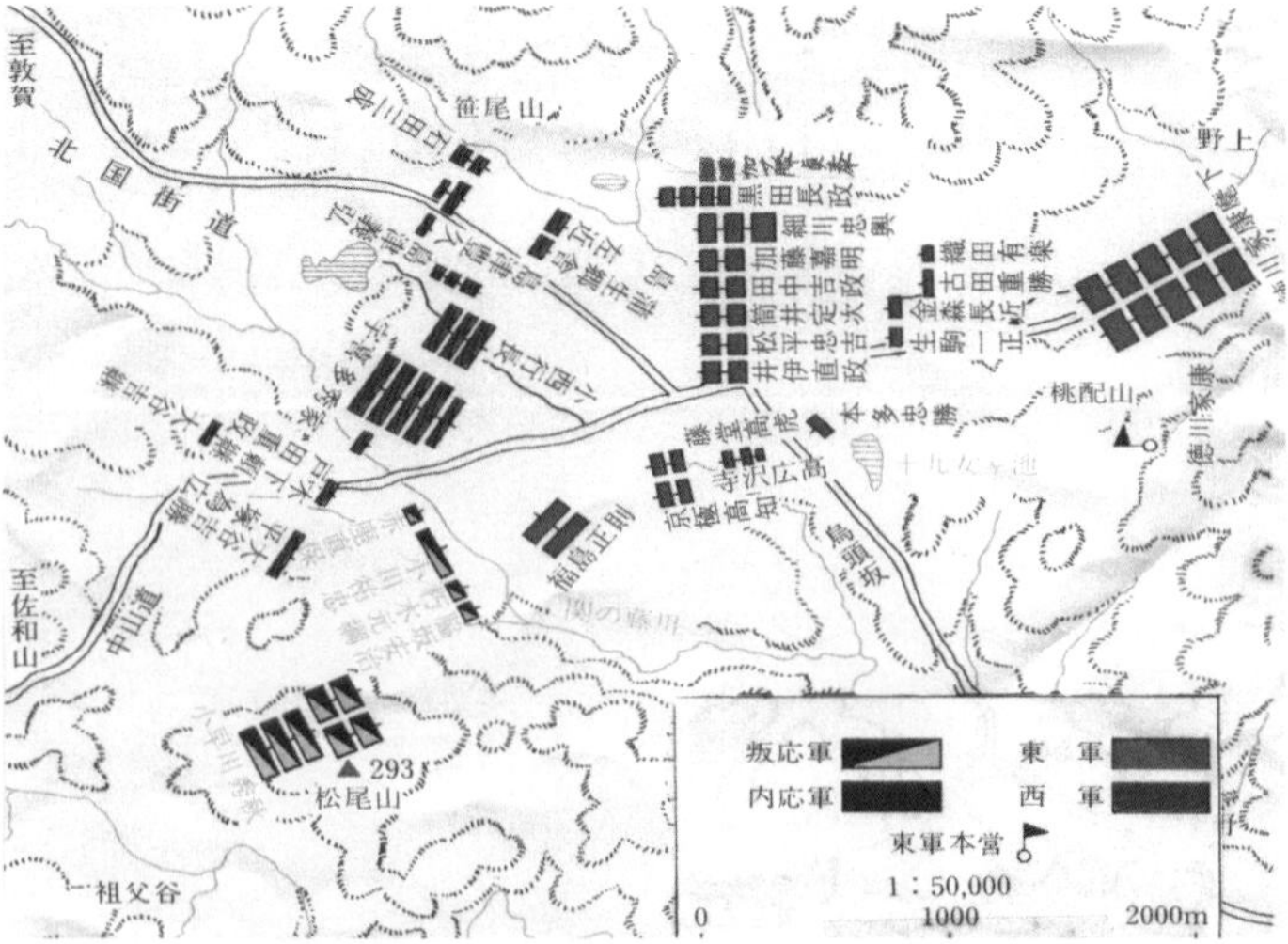

岐阜県発行・小和田哲男監修『必見！関ケ原』掲載図

なぜ、豊臣政権が崩壊したか。豊臣政権時代は徳川氏250万石、毛利氏121万石、上杉氏120万石、前田氏84万石などに対し、直轄地は200万石にとどまり、それら大大名連中の秀吉への忠誠心で結ばれていた。ところが、秀吉が没すると、政権のたががなくなってしまったのである。豊臣政権は永続性のある組織構造をもっていなかった。

では、徳川政権はどのような構造をもって、長期平穏時代を実現したのであろうか。

①徳川氏とその一門、譜代大名に圧倒的に多い所領配分。全国3千万石のうち、幕府領700万石（うち旗本領250万石）。

②一門、親藩、譜代68家を江戸に近い関東、中部・近畿地方や交通、軍事上の要地に配置した。徳川幕府は大名配置権をもって全国の武家を支配した。

③徳川一門、譜代大名で将軍職と幕府重職を独占。

④幕府領と各大名領と旗本領で地方自治が展開された。

これによって、下級武士や一般百姓の不満が直接幕府に向かわないようにした。藩内では領主や代官、村や町では庄屋、町年寄に対し、治政の在り方を問うように仕向けたのである。よって、家中騒動や百姓一揆などが発生しても、幕府を崩壊させるまでには至らなかった。この政治体制を幕藩体制といい、徳川政権を特色付けた（注16）。

六、側近大久保忠隣をどうして改易したか

大久保忠隣は永禄6（1563）年に家康の近習となって以来、側近として家康を支え、家臣中、本多正信と並ぶ二大巨頭であった。後継者選びの時、忠隣は秀忠を推し、正信は秀康を推した。家康は忠隣案を採り、秀忠を2代将軍にし、忠隣をその家老とした。そのため、忠隣は小田原領主6万5千石を領し、やがて老中として権勢を振るった。一方、正信の息子正純は、駿府城の家康側近としていろいろな情報を寄せていたが、正信・正純父子は忠隣の活躍を冷ややかに見て、その隙をうかがっていた。

慶長18（1613）年4月、忠隣の庇護下にあった大久保長安が病死した。長安は、伊奈忠次と並び、複数の国の幕府直轄領の代官頭として、検地、年貢制度、街道整備の実施や金山・銀山の開発などを進め、幕府財政を大きく潤した功労者

であった。ところが、長安には多額の蓄財など生前の不正な行いがあった。正信はそれを摘発し、家康に報告。長安一族はことごとく切腹や財産没収などの処罰を受けた。

同年12月、長安の庇護者忠隣は「キリシタン取締」の命を受け、京都で任務に就いたところ、江戸において改易の沙汰が下された。忠隣の3人の息子や嫡孫は蟄居となり、叔父の駿府沼津城主大久保忠佐家は無嗣断絶として、小田原城は天守を残して取り壊された。沼津城は全て破壊された。こうして、幼少期から家康への忠勤に努めてきた大久保忠隣とその一族は、政界から葬られた。

忠隣失脚には家康の意図が絡んでいる。大久保忠隣と大久保長安は、幕府内では海外の技術導入に積極的で、キリシタンもしくはその理解者が多かった。いわゆる幕府内の進歩派であった。

例を挙げれば、長安は家臣支倉常長をスペイン国王やローマ教皇の元へ派遣した伊達政宗とよしみを通じており、家康六男松平忠輝（正室は政宗長女五郎八姫）の所領支配に関わっていて、大久保一族との関係が深かった。また、徳川将軍家茶道指南役を務めていた古田織部正重然とも関係が深かった。織部は庭に配置する灯籠に十文字やマリア像らしきものを刻み、織部灯籠と称されてきた。また、キリシタン大名高山右近に妹を嫁がせている。

それに対し、本多正信・正純はキリシタン弾圧を主張した。キリシタン容認者であった大久保忠隣をキリシタン取締として上京させるという命令は、正信・正純父子が幕閣内の土井利勝を味方に付けて下させた処置であったといわれている(注17)。

家康は忠隣が将軍秀忠の側近となって以来、連絡が少なくなっていた反面、正信の意を受けた正純の情報や意見を多く聞くことで、進歩派の忠隣より守旧派の正信・正純父子を信頼したとみる。

正信は見事に政敵を葬ったが、後の元和8(1622)年4月、将軍秀忠は日光社参りを行った際、行きは本多正純の宇都宮城を宿所としたが、帰路は宇都宮を避けた。8月、正純は城の無届け修理などを詰問されたが答えられず、配流された。これが「宇都宮釣天井事件」として流布されたが、事実無根であった。

この正純失脚については、家康の長女亀姫が弟秀忠にねじ込んで仕組んだとの説がある。亀姫は、夫の加納城主奥平信昌との間に生まれた千姫を大久保忠隣の嫡男忠常に嫁がせていたが、忠常は慶長16年に32歳で病死した。夫亡き後、長男忠職が加納城主となったが、明石そして唐津へと転封されたことに恨みを抱き、正純失脚に動いたとみられる。

長女は里見安房守忠義に嫁いでいたが、大久保忠隣改易の時に一緒に改易され、兄忠職の家に住んだ。亀姫の長男家昌は宇都宮10万石を領していたが、慶長19年に没し、7歳の千福丸忠昌が家督を継いだが、元和2年に東北の古河に移された。左遷である。

亀姫（盛徳院）は忠昌と共に古河に移り、宇都宮再封を要望した。その時、宇都宮城15万石の領主となっていたのは、大久保一族を葬り、亀姫を落胆させてきた本多忠純であった。元和8年に忠純が改易されると、忠昌は宇都宮へ再封され、亀姫の願いはかなった。古河にいた亀姫を、将軍秀忠からの上使として土井利勝が訪問しており、おそらく、弟秀忠へ向けて宇都宮再封を願った書簡を出していたことへの訪問であったに違いない。

本多忠純改易は亀姫の訴えによって実現したのではなく、幕閣内で家康の威を借りて権勢をほしいままにしてきた正信・正純父子への不信が渦巻いていた結果であろう。

七、大坂出兵をして豊臣氏を滅ぼしたわけ

慶長8（1603）年7月、家康の孫娘千姫が豊臣秀頼へ嫁いだ。それから11年後の慶長19年10月、家康は淀殿と秀頼を攻めるべく、全国の諸将に出軍を命じた。ただし、福島正則、黒田長政、加藤嘉明らは江戸に留め置かれた。11月半ばには、20万という徳川方の軍勢が大坂城を囲んだ。大坂冬の陣である。

どうして、大坂城攻めとなったのか。事の始まりは、家康の勧めで京都の方広寺の大仏殿を再建した際の釣り鐘の改鋳だった。その鐘銘に「関東不吉の語有り」として、上棟式などの延期を命じた。鐘銘は南禅寺の禅僧清韓文英が案文したものであった。文中に、「国家安康」、「君臣豊楽」とあるのは家康の名を切り裂き、豊臣氏を君として子孫の繁栄をことほぐ語であると言い掛かりを付けたのである。

大坂方から、秀頼の家老職を務めている片桐且元が駿府へ弁明に赴いたが、家康は会わず、本多正純から家康の思いを聞いた。大坂へ戻った且元は、家康の要

求を忖度して、次の各項を淀殿、秀頼と側近に伝えた。

①秀頼が江戸へ参勤すること。

②淀殿が江戸に下って住むこと。

③大坂城を明け渡し、国替えに応じること。

且元の後を追って駿府を訪れた淀殿の使者大蔵卿（若い時からの付き人、大野治長の母）らには、家康は機嫌良く対応し、「鐘銘問題も案ずることはない」と述べたという。大蔵卿の報告に安心した淀殿らは、且元から聞いた厳しい沙汰を信じることができず、その側近たちは且元を殺害しようとした。身の危険を感じた且元は大坂城を退去して、摂津国茨木城（茨木市）にこもってしまった。且元は家康の信認厚い武将で、秀頼の家老として配置されていたから、大坂城を攻める口実ができた。

家康は大坂城を囲んだが、大砲を撃ち込むだけで、城内へ攻め込まなかった。強固な大坂城へ攻め込めば、犠牲が増えることが分かっていたからである。家康は連日砲撃する一方、和睦交渉を展開した。砲撃の激しさに耐えかねて、淀殿らは和睦に応じた。その条件は、淀殿は江戸へ来なくてもよいが、大野治長、織田有楽からは人質を出すこと、籠城した諸浪人たちはとがめなしなどで、和睦は成立したが、一方で堀の埋め立てを勝手に進めた。

大坂方は堀を埋められて危険を感じ、再戦を覚悟して準備を進めた。3月、所司代板倉勝重は大坂城の不穏な動きを家康に知らせた。その状況に、家康は大坂城を明け渡し、秀頼が大和か伊勢方面への国替えを承知しなければ、再戦すると通告した。驚いた淀殿らは、常高院（淀殿妹で秀忠室お江の姉、浅井三姉妹のお初）を使者として、家康の元へ向かわせた。家康の示した条件は、大坂城を明け渡し、大和郡山への国替えに応じること、および浪人衆を召し放つことだった。

もちろん、大坂方は受け入れなかった。4月25日には、諸大名の軍勢が大坂へ向かい、大坂城を再び囲んだ。5月5日、二条城にいた家康は大坂へ出軍した。外堀を埋められ、本丸のみとなったため、大坂方は城外へ出て戦い、善戦した。5月8日、大野治長は秀頼室千姫を脱出させる一方、秀頼と淀殿の助命を求めたが、受け入れられず、2人は自害し、豊臣氏は滅亡した。

なぜ、こうしたことになったのか。それは、秀頼の政治的地位が高いままであったためであるとされている。慶長7年3月14日と同8年2月8日、家康自身が大坂城へ赴き、秀頼に年賀の礼を述べている。同8年2月14日に朝廷から征夷大将軍に任ぜられて以後、家康は一切年賀の礼をしなかった。

ところが、朝廷から秀頼に対しては、慶長19年正月までは勅使が遣わされ、年賀の礼がなされた。

関ケ原合戦後の慶長6年3月以降の位階は次のように授けられている。

家康　正二位・内大臣、秀頼　従二位・権大納言、秀忠　従三位・権大納言

家康　従一位、秀頼　正二位（同7年正月）

家康　右大臣・征夷大将軍、秀頼　内大臣（同8年2月）

秀頼は朝廷から家康に次ぐ位階を授けられた。豊臣恩顧の加藤清正、福島正則らは秀頼を主君と仰ぎ、やがて秀頼は関白になるであろうと期待をかけていた。家康はこうした状況を払拭（ふっしょく）し、将軍配下の一大名にしたかった。関ケ原合戦後、220万石ほどの豊臣氏の蔵入地の多くを削減したが、秀頼は摂津、河内、和泉地方にまだ65万石の所領を有し、強固な大坂城に残っていた。

家康は秀頼に臣下の礼をとらせ、豊臣恩顧の大名たちのより所である大坂城か

ら転封させなければ、徳川幕府政権の将来に不安を残すと考えたのである。よって、孫娘が嫁いでいる秀頼が他の大名と同様に将軍に臣下の礼をとり、どのような転封をも受け入れる一大名となることを望んだ。秀頼はこれを受け入れる構えはあったようであるが、淀殿やその周辺が受け入れることができず、大坂落城、豊臣氏滅亡という結果をもたらした（注18）。

八、どうして元和と改元したのか

慶長20（1615）年7月、家康が朝廷に進言した通り、「元和」と改元された。「元和偃武（えんぶ）」の元和である。「偃武」とは武器を収めて用いないことである。ちょうど大坂夏の陣が終わり、家康にとって、徳川政権の将来への不安事項をほぼ払拭しきった時である。

この元和改元と併せて、1武家諸法度、2禁中並公家中諸法度、3諸宗本山諸法度が制定され、申し合わせがなされた。1は諸大名など武家全体が守るべき法令である。2は17条にわたる朝廷の正式の法令である。3は寺院が本末を正し、統制をするように求めるものであった。こうして、家康は武家、天皇、公家、寺院に対する統制を確定した。以後、幕府はこの三つの法度をもって諸問題に介入し、裁定することとなった。すなわち、元和偃武実行上、必要な法整備であった。織田信長の天下布武を受けて、天下統一を完成させ、偃武平和を現出した。家康は肉親、親族や功臣に犠牲を払わせながらも、自分の取り組んだ徳川政権安泰を主眼とした平和を生み出したと言えよう。それが実現できたのは、周辺に良きブレーン、人材を集め、それらの力を活用することができた人物だったからである。

徳川家康注記

注1　「斎藤道三・明智光秀・織田信長の生涯と謎」岐阜女子大学地域文化研究所・2020年刊『地域文化研究第三七号』所収において、斎藤道三と明智光秀の生涯と謎を考察した。2021年刊『地域文化研究第三八号』所収「斎藤道三・明智光秀・織田信長の生涯と謎II」において、織田信長の生涯と謎を考察した。2022年刊『地域文化研究第三九号』所収「古田織部の生涯と謎」で考察した戦国美濃の四将（道三・光秀・信長・織部）を1冊にまとめようとした。

注2　小和田哲男著『駿府の大御所 徳川家康』（２００７年静新新書刊）所収「徳川家康をめぐる謎50」。

注3　渡邊大門著『誤解だらけの徳川家康』（２０２２年幻冬舎刊）において21項目について、通説への疑問と意見を提示。

注4　家康の概歴は、『国史大辞典』（吉川弘文館刊）の徳川家康の項、小和田哲男監修『必見！関ケ原』（２０１８年岐阜県刊）による。

注5　小和田哲男氏が家康の生涯から50の謎を設定されたが、私の設定した8項で合致するのは、第1項の「三河一向一揆への対応」だけである。私は主要な謎に絞ったという思いである。

注6　本多隆成著『定本徳川家康』（以下『定本』とする。２０１０年吉川弘文館刊）において「三河一向一揆の展開」を丁寧に論述されている。その中で、三河の家臣団を統一したかったことのほか、多くの徳政令が出されていて混乱しているのを治めたことが効果があったという論の展開があり、注視した。

注7　家康は課題解決において、度々狡猾な対処をしている。その嚆矢であった論は、先出の『定本』においても記述されている。

注8　『駿府の大御所徳川家康』では、和議の後、鉄砲を向けた門徒家臣の帰参を許しており、

門徒農民との分断を図ったことが良かったとしている。

注9　『誤解だらけの徳川家康』においては、当時、家康は武田氏との対決を続行すべきとして北条氏と接近したが、築山殿と信康は武田氏の働き掛けに応じて武田氏と結ぶことを主張したので、それでは家中分断となるとして、信康切腹を命じたとしている。築山殿の死については、夫家康の重荷にならないように自殺したとする説も出ている。

注10　『駿府の大御所徳川家康』において、小和田哲男氏は、関東移封は「秀吉に試されている」として秀吉意向に従ったと述べている。もちろんそうであったが、それだけではなかったとする。

注11　『定本』で本多隆成氏は、文禄4年7月の秀次事件（関白失職・自刃）後、秀吉は相次いで家康、利家、輝元らに起請文を出させ、遺言も相次いで述べた。これを基に御掟、御掟追加として法整備がなされ、豊臣公儀が出来上がっていたとしている。

注12　『定本』と同意見である。

注13　大阪市博物館蔵「本屏風」に見る「岡山家康本陣絵図」と「東軍陣地絵図」から、家康本陣とそれを取り巻く東軍の陣容の広がりが如実に分かり、その巨大さに、西軍の諸部隊は恐怖を抱いたのではないか。

注14　西軍、東軍の軍勢数については、明示した史・資料はほとんどない。この『関ケ原』の数値も、所領1万石当たり出兵数300人を基準にしている。しかし、島津軍については遠方鹿児島からの出兵に手間取り、800人説、900人説、1000人説が妥当としていたが、『関ケ原』により1600人説とした。なお、美濃黒野城主4万石の加藤貞泰が、竹中重門と常に行動を共にしていることから含めた。この貞泰を載せている合戦絵図がある一方、加藤嘉明が近くに配陣されていた故か、載せていない絵図もある。この『関ケ原』もそうである。加藤貞泰家の史・資料では出陣しており、合戦絵図には入っており、入れるべきとする。

注15　岐阜県歴史資料保存協会編『関ケ原合戦と美濃・飛騨』（2000年刊）第2章の3児玉貞治筆「島津義弘の逃走コース」は『島津国史』などから、駒野、四日市、石薬師、関、水口コースとしている。

注16　先記の『関ケ原合戦と美濃・飛騨』に丸山幸太郎筆「序章　関ケ原合戦の意義」と主旨、内容は同じである。

注17　『定本』の「大御所政治の展開」の3権力闘争とキリシタン禁圧において、大久保忠隣失脚事件が述べられている。同意見である。将軍家の茶道指南役であった古田織部は大久保

長安・忠隣派であり、慶長19年の政変で庇護者を失った上に、家康の豊臣氏滅却に不賛成だったことから、自死を命じられている（本書「第四章古田織部の謎」参照）。

注18　本多隆成著『徳川家康と関ヶ原の戦い』（2013年吉川弘文館刊）においても、秀頼の官職が家康に次いで高いことから、自分亡き後、豊臣恩顧の諸将が秀頼を担ぎ出すことがあるのでないかと危惧したと述べている。そうであったとみる。

あとがき

戦国の武将たちとは、NHK大河ドラマ放映で出会い、その際、質問や講演依頼を受けてきた。斎藤道三・明智光秀・織田信長・豊臣秀吉・徳川家康である。私自身、それぞれの生涯に疑問を持っていて即答できないこともしばしばで、関係地探訪するなど、調査研究の機会としてきた。

先記の5名は、出身地が東海地方の美濃・尾張・三河であることから、相互に絡み合いながら、時代の大課題である天下統一即ち戦国時代の終結と平和国家づくりに活躍した。ここに、目立ってはいないが、今1人、美濃出身の武将兼茶匠の古田織部を加えたかった。

合わせて6名の人物への私的な好感度は、明智光秀・古田織部・織田信長・斎藤道三・徳川家康・豊臣秀吉である。

豊臣秀吉は、織田信長の目指した天下統一を具現し、武家政権を樹立、全国検地・刀狩りを実行し、近世への地ならしをした功績は大きいが、その後、二度にわたる朝鮮侵攻や、後継者として頼みとした関白秀次一族処刑など、晩年の所業が悪く、好感度は最低である。それに、政権の継続体制の詰めが弱かった。豊臣秀吉は、本書では割愛した。

徳川家康は、関ヶ原合戦で大勝し、徳川氏政権の盤石体制を形成した後、さらに盤石化を図って、孫娘の嫁ぎ先の淀・秀頼母子を亡ぼした。やり過ぎであり、その人生は狡猾の手段をしばしば使い、好きになりにくい人物である。師匠利休が政権に取り込まれて切腹の憂き目を見た古田織部は、政界から離れて茶匠三昧の世界に生きようとしていたのに、晩年、家康から意見具申を求められて、共存・共栄の意見を出したのか家康から警戒され、切腹を命じられてしまう。家康は、好きにはなれないが、270年間の平穏時代を創出した功績で、捨てがたい。

織田信長は、尾張出身であるが、美濃を征服して岐阜城主として、美濃の多くの武士を生かして、天下統一事業を推進し、戦国時代終結に大きな役割を果たした。時代変革の偉人の代表であると見てきたが、近年、その見方に変化が出ているので、検証の必要があった。

本書に取り上げた5人の人物の人生を短評しよう。

斎藤道三：守護大名であった土岐氏に代わって戦国大名として名乗りを上げるに至ったが、息子に裏切られ、戦い敗死した。しかし、明智光秀・織田信長の人生・生き方に影響を与える。

明智光秀：織田信長の天下統一事業を大きく支援したが、秀吉の意見を重用するようになった主君信長を亡ぼすに至った。その後、近親大名からの支持を得られずその秀吉に味方する諸軍と戦い、滅びる。しかし、死後、ゆかりの地で慕われ顕彰されている。

織田信長：武家政権による天下統一を強力に推進し、ほぼ実現に近づいていたが、近臣であった光秀に背かれ、亡びる。しかし、その合理的な見方・考え方や国際性は、古田織部などに影響を与える。

徳川家康：織田信長の天下統一事業に、光秀・秀吉・織部とともに、働き、最終的に戦乱の世を終結して、永続する政権と平和国家を樹立。官僚制度・地方自治など、近代への地ならしをした。

古田織部：武将として、織田信長・豊臣秀吉・徳川家康に仕えたが、特に、戦時相手方に近い武将を説得して誘降させる使い人の使命を果たす人物として活躍。父死後、息子に家督を譲って隠居し、茶道を究める生活に入り、将軍家茶道指南役に上り詰める。しかし、その共存・共栄の哲学が家康から警戒されたのか賜死を招き、亡びるが、その茶道・食器・精神は茶道界に大きな影響を与える。

以上5人の武将の生涯の功績や、その生き方については、学ぶべき点が多い。しかし、設定した謎に答え切っていない点も多い。ご批正を期したい。

なお、本書の発刊には、岐阜新聞社出版室の皆様の助言や支援を多くいただいたことを付記し、感謝する。

令和5年5月吉日

丸山 幸太郎

本書執筆に御支援いただいた方々および機関・団体（順不同、敬称略）

杉山博文・松川禮子・後藤忠彦・石坂貴弘・神田卓朗・小野賢悟
高橋恒美・長瀬公昭・酒井寛・辻公子・浦田直人

小和田哲男・増田孝・清水進・故横山住雄・故桑田忠親・谷口研語
石川美咲・田中豊・川口素生・今谷明・泰野裕介・廣田浩治・岡本良一
桐野作人・奥野高廣・市野千鶴子・伊藤敏子・矢部良明・久野治・熊倉功夫
宮園昌之・伊藤嘉章・榎本徹・渡邊大門・笠谷和比古・本多隆成・児玉貞治
故吉岡勲・井澤康樹・新井弘子・西村克也・平山優・白水正・可児慶志
宮園昌之・吉田義治・井口友治

岐阜女子大学・岐阜女子大学地域文化研究所・岐阜県歴史資料館
岐阜県図書館・岐阜関ケ原古戦場記念館・関ケ原町歴史民俗学習館

岐阜県博物館・岐阜市歴史博物館・ぎふ金華山ロープウェー
土岐市美濃陶磁歴史館・岐阜県現代陶芸美術館・片野記念館
岐阜県郷土資料研究協議会・多治見市美濃焼ミュージアム・岐阜学会
岐阜県歴史資料保存協会・美濃文化総合研究会・美濃源氏フォーラム
常在寺・円徳寺・興聖寺・妙覚寺・長興寺・本徳寺・妙応寺
東京大学史料編纂所・久能山東照宮博物館・京都大学・大本
岐阜市・可児市観光協会・池田町・若山光弘家・福知山市・御霊神社
本能寺・南禅寺・天龍寺・称念寺・明智神社・西教寺・崇禅寺

著者：丸山幸太郎

現在：岐阜女子大学教授・同大学地域文化研究所所長

1937年（昭和12）8月7日生まれ、岐阜県恵那市出身。恵那高校・岐阜大学学芸学部史学科卒。

岐阜県総務部岐阜県史編集室、岐阜県歴史資料館館長・本巣町本巣小学校校長・岐阜市立明徳小学校校長、岐阜女子大学教授・同大学地域文化研究所所長・岐阜市にぎわいまち公社理事長・史跡関ケ原古戦場保存整備検討委員会（長）などを歴任。

著書

『安土・桃山の茶匠古田織部』（本巣町、1994年）・『国枝氏の歴史』『幕藩体制解体過程の農村』（自著、1982年）・『ぬくもりの岐阜地名』（自著、1998年）・『岐阜観光と食文化』（自著、2002年）・『岐阜県地芝居史』（自著、2019年）ほか

共著（本書関係）

『織田信長 — その求めた世界』（岐阜新聞社、1992年）・『織田信長と岐阜』（岐阜県歴史資料館、1996年）・『関ケ原合戦と美濃・飛騨』（岐阜県歴史資料保存協会、2006年）・『関ケ原合戦のすべて』（人物往来社、1984年）・『岐阜県の武家文化に関する調査研究』（岐阜県、2006年）『岐阜県史』・『大垣市史』・『岐阜市史』・『宮村史』・『神岡町史』『揖斐川町史』・『池田町史』ほか

主な社会的活動

岐阜県文化財エキスパート、岐阜学会会長、岐阜県郷土資料研究協議会顧問（前会長）、岐阜県歴史資料保存協会顧問（元会長）、NPO揖斐の自然と文化財を護る会顧問ほか

徳川家康と美濃四将の謎

発　行　日　2023年6月30日
著　　　者　丸山幸太郎
発　　　行　株式会社岐阜新聞社
編集・制作　読者事業局 出版室
〒500-8822
岐阜市今沢町12　岐阜新聞社別館4階
TEL：058-264-1620（出版室直通）
印　刷　所　岐阜新聞高速印刷株式会社

※価格はカバーに表示してあります。
※乱丁本、落丁本はお取り替えします。

ISBN978-4-87797-324-7